KB190483

다시
만나는
교회

다시 만나는 교회

교회론으로 배우는 세 가족반

박영호 지음

복 있는 사람

다시 만나는 교회

2020년 6월 30일 초판 1쇄 발행
2024년 11월 15일 초판 10쇄 발행

지은이 박영호
펴낸이 박종현

(주) 복 있는 사람
주소 서울특별시 마포구 연남동 246-21 (성미산로23길 26-6)
전화 02-723-7183(편집), 7734(영업·마케팅)
팩스 02-723-7184
이메일 hismessage@naver.com
등록 1998년 1월 19일 제1-2280호

ISBN 978-89-6360-355-1 03230

이 도서의 국립중앙도서관 출판예정도서목록(CIP)은
서지정보유통지원시스템 홈페이지(http://seoji.nl.go.kr)와 국가자료공동목록시스템
(http://www.nl.go.kr/kolisnet)에서 이용하실 수 있습니다. (CIP 제어번호: 2020022372)

ⓒ 박영호 2020

아들의 목회를 위해
밤낮으로 기도하는 것을 최고의 사명으로 삼고 계신
아버님 박두상 장로님께 이 책을 드립니다.

차례

시작하는 말

처음 가본 도시의 매력에 이끌려 그곳에 정착하기로 한 청년을 본 적이 있습니다. 그는 다니던 회사에 이메일로 사직서를 보내고 동생에게 짐을 꾸려 보내 달라고 한 다음 낯선 지역에서의 삶을 시작합니다. 다소 무모하고 충동적으로 시작한 생활에 만족하며 살아가는 그의 모습이 무척 신기하게 다가왔던 것으로 기억합니다. 우리 삶에서 어떤 대상에 대한 첫인상을 그대로 유지하기란 그만큼 쉽지 않은 일이기 때문입니다.

그렇다면 교회와의 만남은 어떠할까요? 지금 이 책을 읽고 있는 여러분의 신앙 배경은 저마다 다양할 것입니다. 평생 교회 울타리에서 자란 분도 있을 것이고, 교회 문화에 생소한 분도 있을 것입니다. 첫사랑에 빠져서 오랫동안 그 설렘을 유지하는 분도 있겠지만, 한때 무척 사랑하던 교회에 대해 회의하는 분도 있을 것입니다. 잘 모르지만 언젠가는 교회에 다닐 수도 있겠다고 생각하는 분도 있을 것이고, 교회라는 말만 들어도 고개를 절레절레 흔드는 분도 있을 것입니다. 어떤 배경을 가지고 있든지 한국에 살고 있는 사람이라면 교회에 대하여 한 번도 생각해 보지 않은 분은 거의 없을 것입니다. 긍정적이든 부정적이든 저마다 교회에 대한 나름의 판단을 가지고 있기에, 저는 단순히 교회를 소개하는 차원이 아니라 다시 교회를 만나 볼 것을 권유하는 차원에서 이 책을 읽는 당신에게 다가가고 싶습니다.

저는 유학 중이던 2005년 미국 시카고 근교에 약속의교회를 개척했습니다. 공동체에 대하여 갈급함을 가진 이들, 이민생활에 지친 이들, 유학과 파견으로 새로운 땅에 막 정착한 이들이 교회로 모여들었습니다. 그 신생 교회에 '새가족반'이라는 이름으로 여럿이 모여 함께 이루고 싶은 교회의 밑그림을 그렸는데, 그 시절의 귀한 나눔과 교제가 이 책의 출발점이 아닐까 싶습니다. 첫 과정을 마치고 수료한 사람들이 교회의 첫 멤버가 되었고, 함께 살펴본 내용의 핵심을 공적 언약으로 고백했습니다. 그 이후 해마다 송구영신예배 때면 온 교우가 이 언약을 다시 마음에 새기며 그 이상을 가지고 살아갈 것을 다짐했습니다.

약속의교회에서 10년간 목회하고 2015년에 귀국하여 한일 장신대학교에서 신약학을 가르쳤습니다. '신약의 교회론'이라는 수업에서 신대원 학생들과 교회의 성경적 기초를 함께 공부하며 오랜 기간 교회 새가족에게 나누었던 내용을 소개하였습니다. 기말과제로 '만일 내가 교회를 개척한다면 어떤 교회를 목표로 할 것인가'를 정리하여 새가족반 교재를 만들고 그 내용을 발표하는 시간을 가졌는데, 그 안에는 모두가 감탄할 정도로 풍성하고 도전적인 내용이 담겨 있었습니다.

이후 2018년 여름에 포항제일교회 담임목사로 부임하게 되었고, 부임 후 곧바로 새가족반 강의를 시작했습니다. 미국의 한 개척교회에서 시작된 강의를 한국의 115년 된 대형교회로 옮겨와서 한 것이니 이 내용은 전혀 다른 성격의 두 교회를 거친 셈입니다. 다른 한편으로, 미국에서 이 내용을 강의하는 동안 '에클레시아'(교회)에 관한 박사학위 논문을 썼고 한국의 신학교 교실에서 이 내용을 다루기도 했으니 이 책은 다양한 상황에서 조밀한 검증을 거쳤다고 볼 수 있습니다.

○

우리는 교회를 통해 예수님을 만납니다. 그런데 새신자를 위한 책들은 대체로 하나님이나 구원에 대한 설명을 하고 마지막에 가서 교회에 대해 잠시 다루는 정도입니다. 신학교에서 배우는 조직신학 교재의 구성을 그대로 옮겨 놓은 것입니다. 그러나 교회의 문을 열고 들어서는 사람들이 만나는 첫 번째 현실은 사람들로 구성된 교회입니다. 교회의 문화와 예배, 사람들의 말투와 표정, 옷차림, 삶의 방식, 공간이 주는 느낌 등을 통해 사람들은 서서히 예수님을 알아갑니다. 우리가 과연 교회를 통하지 않고 예수님을 만날 수 있을까요?

현실 교회의 모습이 여러 모로 답답하기는 하지만, 교회를 떠나서 하나님을 만나고 그 뜻을 이루어가는 삶을 생각하기란 쉽지 않다는 것이 이 책의 전제입니다. 따라서 이 책의 주요 질문은 '교회란 무엇인가'보다 '왜 교회인가'에 초점이 맞추어져 있습니다. 하나님과 구원을 먼저 설명하고 교회도 중요하다는 사실을 덧붙이는 기존의 방식이 아니라, 교회가 왜 필요한지 묻고 대답하는 과정에서 자연스레 하나님, 구원, 믿는 이의 삶을 다루고자 합니다.

출발이 처음 시작하는 교회였던 만큼 이 책의 내용은 이상적입니다. 저는 다음과 같은 말로 새가족 강의의 첫 시간을 엽니다. "이 강의는 여러분이 이제부터 다니게 될 교회를 살펴보는 동시에 우리가 앞으로 이루기 원하는 교회를 함께 꿈꾸는 시간이 될 것입니다." 예수님이 꿈꾸셨던 교회, 하나님이 마음에 두셨던 그 교회는 지금까지 지구상에 한 번도 존재한 적이 없기에, 지금 내가 다니는 교회가 이 책의 기준에 미치지 못한다고 해서 실망할 필요는 없습니다.

이상적인 교회 구성의 가장 중요한 자료는 성경입니다. 이 책은 기본적으로 교회론과 관련한 신학적(특히 성서학적) 기초 지식을 제공합니다. '다시 만나는 교회'라는 기본 콘셉트에 맞게 새로운 지식을 공급하기도 하고, 새로운 시각에서 질문을 던지기도 하고, 이미 알고 있었던 지식을 흔들기도 할 것입니다. 예를 들어, 이 책 네 번째 시간에 '영생이란 무엇인가'에 관해 살펴보는데, '영생은 영원히 사는 것'이라고 막연히 생각했다면 그 생각은 흔들릴 수밖에 없습니다. 영생이 무엇인지 다시 정의하는 가운데 그리스도인의 삶이 무엇인지에 대한 생각이 근본적으로 바뀔 수 있습니다. 자주 대립되어 이해되는 두 표현 곧 '하나님 나라'와 '복음'이 사실은 같은 내용을 지칭한다는 점도 알게 될 것입니다.

그러나 지식만으로 우리는 교회를 알 수 없습니다. 교회는 교회가 되어가려는 이들의 실천 속에서 그 존재를 드러냅니다. 이 책의 제목이 『다시 만나는 교회』인 것은 교회를 객관적인 관찰 대상으로 접근하자는 것이 아니라, 살아 있는 실체로 조우해 보자는 것입니다. 교회와의 만남은 이 책 안에 있지 않고, 이 초청에 응답하여 현실 교회에 참여하는 가운데 시작될 당신의 삶을 통해 이루어질 것입니다.

교회는 사람들입니다. 조직이 따로 있고 그 조직에 사람이 속하는 것이 아니라, 그리스도께 속한 사람들이 교회를 형성하는 것입니다. 따라서 건강한 교회를 세운다는 것은 건물을 짓거나 조직을 강화하는 일이 아니라, 내가 변하고 성숙하는 가운데 우리를 만들어가는 과정입니다. 그리스도인이 된다는 것은 단순히 일요일 오전 한두 시간을 어디에서 보낼지의 문제가 아니며, 죽으면 어디로 갈지의 문제에 국한된 문제도 아닙니다. 한마디로 그리스도인이 된다는 것은 교회가 되는 것입니다. 성경의 주장대로라면, 하나님이 창조하신 인간 본래의 모습으로 회복되는 길입니다. 이 회복은 혼자서 달성해야 하는 외로운 길이 아니라, 삼위일체 하나님의 사랑의 교제 가운데 초청받은 인간이 그 초청에 응답하며 그 교제에 참여하는 길입니다.

다시 만나는 교회

결국 교회론은 인간론과 깊이 맞닿아 있습니다. 하나님은 우리를 단순히 천국에 데려가시려고 구원하신 것이 아닙니다. 그분은 우리가 변화되기를 원하십니다(롬 12:1-2). 교회를 통해서 하나님이 이끄시는 변화는 점진적이며, 때로는 더딜 수도 있지만 전면적이며 현실적인 변화입니다. 이 책에서는 '성장'이라는 단어로 이 주제를 표현하고 있습니다.

하나님이 마음에 두신 교회, 성경적 공동체라는 이상을 포기하지 않으면서 가급적 현실의 상황에 적용하려고 했는데, 이 두 흐름이 만나는 지점에 '선교적 교회'가 있다는 것이 이 책의 관점입니다. 선교적 교회는 교회가 존재한다는 전제 아래 현실 교회가 잘 움직여야 한다는 것을 목표로 교회 부흥 방법이나 교회를 살리기 위한 전략을 살펴보자는 논의가 아닙니다. 백지 상태에서 왜 교회가 존재해야 하는지에 대한 진지한 물음이며, 고정된 교회론이라기보다 지역교회들이 나름대로 적용해야 할 원리입니다. 그런 맥락에서 '왜 교회인가'라는 이 책의 기본 질문과 맞닿아 있습니다.

선교적 교회는 '선교적 삶'으로 구현되어야 한다는 시각에서 접근하기에 이 책은 일상의 소중함을 강조합니다. 가령 '워라밸', '소확행' 등 최근 라이프 트렌드에 대해서도 언급하고 있는데, 일상을 재발견하고자 하는 시대의 흐름에 발을 맞추는 동시에 시대의 담론을 기독교 세계관 아래서 비판적으로 접근하고자 하는 의도가 담겨 있습니다. 교회는 구체적인 시공간 속에서 사회적 실체로 존재하며 그 표현은 현실의 언어로 이루어지기 때문에 이 책은 현실과 긴밀하게 조응하고자 노력합니다. 몇 편의 영화를 통해 인간과 사회를 깊이 들여다보려는 시도가 한 예라 할 수 있습니다.

○

이 책은 우선 교회생활을 처음 시작하는 당신을 위한 책입니다. 교회는 우리를 품어 주시는 하나님의 품입니다. 그 사랑을 받은 사람들이 서로를 따뜻한 마음으로 품어 주며 사랑하는 공동체입니다. 그 사랑 가운데서 우리는 하나님을 볼 수 있으며 깊은 안식과 평안을 배웁니다. 우리는 늘 분주하고 염려 많고 때로 욕심으로 자신을 몰아가게 하는 세상 가운데 살아가지만 주님의 품 안에서, 교회라는 공동체 안에서 아름답고 의미 있는 삶을 사는 법을 배울 수 있습니다.

교회는 발을 들여놓는 순간 그 일부가 되는 독특한 기관입니다. 당신이 어느 교회에 가서 세례를 받고 교인이 되면 교회의 어엿한 정회원이 됩니다. 만일 교인이 된 그다음 주일에 담임목사를 청빙한다면, 당신은 그 의사결정에 영향을 끼칠 수 있습니다. 세상 어디에 그런 기관이 또 있을까요? 한 대학의 학생이 되려면 까다로운 절차를 거쳐야 하며, 교수는 말할 것도 없습니다. 그러나 대부분의 학생과 교수들은 그 대학 총장 선정에 아무런 영향력이 없습니다. 회사나 군대, 병원도 마찬가지입니다. 그런 점에서 교회는 출발부터가 파격적으로 개방적인 공동체입니다. 하나님은 거룩이라는 단어와 전혀 상관없을 것 같은 이들을 '성도'라 부르며 구원 사역을 시작하십니다.

그런 점에서 교회가 종교 상품의 제공자가 되고 교인은 그 상품의 소비자가 되는 오늘날의 '소비자 기독교' 현상은 성경의 공동체와는 완전히 반대되는 흐름입니다. 성경의 교회는 제공자와 소비자를 구분하지 않습니다. 누구나 교회라는 한 몸의 소중한 지체이며 구성원입니다. 따라서 새가족도 교회 전체가 어떤 방향으로 가야 할지를 함께 고민하고 나누어야 합니다. 어떤 행사나 사업을 진행할 때 어떤 맥락에서 하는지 아는 것도 교회생활에서 필수입니다. 이 책이 단순히 기존 교회를 소개하는 것이 아니라, 어떻게 해야 건강한 교회가 될 수 있을지 고민하는 사람의 입장을 함께 담고 있는 것은 그런 이유 때문입니다.

또한 이 책은 교회의 본질과 교회가 나아가야 할 방향에 대해 알기 원하는 당신을 위한 책입니다. 교회 공동체의 참된 소명과 이 땅에서 그리스도의 몸된 교회로서 어떻게 살아야 할지 고민하고 있는 분이라면, 이 책을 통해 성경적인 교회의 모습에 대한 안내를 얻을 수 있을 것입니다. 자신이 살고 있는 지역에서 교회를 찾고 있는 분에게는 건강한 교회를 선택하는 기준을 정하는 데 도움이 될 것이고, 목회자나 신학생에게는 평소에 알던 신학 개념들이 서로 어떻게 연결되고 목회 현장에서 어떻게 표현될 수 있는지에 대한 통찰을 제공할 것입니다.

마지막으로, 이 책은 새가족반 및 소그룹 모임을 인도하는 당신을 위한 책입니다. 이 책은 각 교회 교사, 리더, 목회자가 새가족 교재로 활용하는 것을 염두에 두고 집필했습니다. 새가족 전체가 이 책을 함께 읽으며 모임을 진행할 수도 있을 것이고 인도자가 책 내용을 소화해서 전하는 방법도 있을 것입니다. 새가족 환영 및 새가족반 수료 선물로 제공하는 것도 한 방법입니다. 그 밖에 교회에 관한 기초를 다지기 위해 소그룹 스터디를 하거나, 교회의 비전과 방향을 점검하고 새롭게 하고 싶을 때 사용할 수 있을 것입니다.

이 글을 쓰는 2020년 6월 현재 한국의 각 교회는 신종 코로나바이러스 감염증 확산에 따라, 모든 교인이 한 공간에 모인 상태에서 예배나 강의를 진행하기가 힘든 상황입니다. 온라인을 통한 모임이 거스를 수 없는 대안이 되겠지만, 그럴수록 얼굴을 마주하는 만남과 모임의 필요는 더욱 커질 것입니다. 제가 사역 중인 교회에서는 가급적 모든 모임을 온라인과 오프라인을 겸해서 하기로 하고 '올라인'(all-line) 사역이라 부르고 있습니다. 온라인과 오프라인뿐 아니라, 실내와 실외 모임, 어린이와 어른, 가족들을 위한 접근을 망라하여 모든 소통의 채널을 적극 활용하자는 취지입니다. 이 책을 활용한 강의도 온라인과 오프라인을 병행하는 형태로 진행하는 것을 검토하고 있는데, 이 자료도 적절하게 공유될 수 있는 방안이 마련되기를 바랍니다.

가장 큰 바람은 이 책이 독자들에게 하나님을 만나는 계기를 제공하는 것입니다. '교회를 통하여' 하나님을 만날 수 있다는 전제로 출발했지만, 이 책의 목적이 성공한다면 독자는 교회의 일부가 되어 '교회로서' 하나님을 만나게 될 것입니다. 제가 사역 중인 교회에서는 이 강의의 제목을 '울림과 어울림'이라 붙였습니다. 하나님이 우리 삶에 다가올 때 전해지는 울림이 어울림으로 이어질 것이라는 소망이 담겨 있습니다. 이 소망이 나누어지고 우리를 교회로 부르신 하나님의 뜻을 발견하는 데 이 책이 귀한 도구가 되기를 바랍니다.

이 책이 출간되기까지 도움을 주신 분들께 감사의 말을 전하며 글을 맺겠습니다. 우선, 탁월한 안목과 통찰력으로 기독교 신앙 양서를 꾸준히 펴내시는 복 있는 사람 박종현 대표님과, 부족한 원고를 섬세한 감각으로 멋지게 편집해 준 문준호 편집자님, 표지와 내지를 아름답게 꾸며 준 정계수 디자이너님께 감사드립니다. 강의 진행 과정에서 섬세하게 챙겨 준 김경원 목사님, 원고 정리에 도움을 준 정대진 목사님을 비롯한 포항제일교회 동역자들에게 사랑을 전합니다.

이 책의 출발을 함께했던 시카고 약속의교회 교우들을 잊을 수 없습니다. 한 장로님은 새가족 강의에 수십 번 참여하며 교회의 비전을 함께 새기고 공동체에 첫발을 내딛는 분들을 환영해 주셨습니다. 많은 교우들이 사랑의 공동체를 꿈꾸며 섬겼습니다. 교우들의 기도 가운데 탄생한 청이와 아내가 함께 사랑의 인사를 전합니다. 약속의교회를 이어서 목회하고 있는 김경수 목사님 내외분께 감사의 마음을 전합니다. 한일장신대학교의 학생들과 교수님들은 신학의 이상과 교회의 현실에 대해 생각을 나누는 든든한 동역자들이었습니다. 그 덕택에 저의 신학적 사고가 보다 깊어졌고, 복잡다단한 현실에 비추어 교회를 생각할 수 있게 되었습니다.

또한 저와 영적 여정을 함께하고 있는 포항제일교회 교우들께 감사의 마음을 전합니다. 성경적 공동체의 꿈을 말과 머리뿐 아니라 섬김과 환한 미소로 살아내고 계신 분들이 있기에 하나님의 교회가 오늘까지 생명을 이어올 수 있었습니다. '한국 교회에 희망이 있는가'라고 물으면, 저에게는 어떤 통계 숫자가 생각나기 전에 교우들의 섬김의 손길과 미소가 떠오릅니다. 기도할 때마다 성도들을 생각하며 하나님께 감사드렸던 사도 바울(빌 1:3-4)의 마음을 조금씩 알아가고 있습니다.

저는 바울을 신학대학원 교실에서 김지철 교수님으로부터 배웠습니다. 그분이 교수로 섬기다가 목회를 시작하게 되었을 때 사모님이 반 고흐의 「첫걸음」을 선물했다고 합니다. 엄마 품에 안겼다가 아빠를 향해 서툰 걸음마를 떼는 아이를 그린 그림입니다. 바울과 교회에 대한 박사학위 논문을 쓰기도 했고 목회 경험도 어느 정도 쌓였지만, 교회와 사람에 대해, 하나님에 대해 어린아이와 같은 마음으로 계속해서 배우고 싶습니다.

마지막으로, 제 아내 김수영 목사는 목회를 시작할 때부터 소중한 동역자요 스승이요 친구였습니다. 약속의교회를 시작할 때

다시 만나는 교회

교회주보 편집부터 기획에 이르기까지 모든 실무를 총괄해 주었고, 함께 새가족반에 참석하며 한 사람 한 사람을 세심히 보살펴 주었습니다. 결석한 분들을 위한 보충수업을 아내가 도맡아 주었는데, 담임목사보다 강의를 잘한다는 소문이 나서 저를 불안하게 하기도 했습니다. 함께 개척한 교회 교우들을 마음 깊이 사랑한 나머지 미국을 떠날 때 무척 힘들어했지만, 지금은 평택대학교에서 상담학 교수로 섬기면서 하나님의 인도하심에 감사하고 있습니다.

먼 길, 다양한 장을 지나 이제껏 살아왔습니다. 그러나 하나님 보시기에는 여전히 어린아이의 첫걸음 같을 것입니다. 서툰 걸음을 응원해 주시는 하나님을 의지하는 마음으로, 또 누군가에게 도움이 되도록 사용하실 것이라는 믿음으로 부족한 책을 세상에 내어놓습니다.

2020년 6월
박영호

첫 번째 만남

관계 —
태초에 관계가 있었다

온 세상이 꽁꽁 얼어붙은 어느 겨울 밤, 어두운 숲 속에 고슴도치들이 오밀조밀 모여 있습니다. 추위에 벌벌 떨면서 조금이라도 몸을 녹여 보려고 서로에게 좀 더 가까이 다가가지만, 서로의 등에 붙은 가시에 찔려 이내 물러서고 맙니다. 그러나 혹한의 밤을 혼자서 견디기란 쉽지 않은 법. 어느새 고슴도치들은 아픔을 잊은 채 또다시 모여듭니다. 그렇게 모이고 다시 찔리고 흩어지기를 수십 번, 마침내 그들은 서로의 온기를 느끼면서도 가시에 찔리지 않을 수 있는 '적당한 거리'를 발견하게 됩니다.

이 이야기는 독일의 철학자 쇼펜하우어의 『여록과 보유』에 수록된 우화로, '고슴도치 딜레마'(Hedgehog's Dilemma)라는 심리학 용어가 여기서 비롯되었습니다. 쇼펜하우어는 서로의 온기로부터 유익을 얻으면서 상처를 주고받지 않을 수 있는 적당한 거리를 발견하고 유지하는 것이야말로 인간으로 사는 법을 배워 가는 과정이라고 말합니다. 그러나 정작 쇼펜하우어는 자신의 생애 가운데 그 방법을 깨우치지 못했습니다. 평생 친구도 연인도 없이 개를 벗 삼아 외롭게 살면서 주위 사람들을 불신하고 갈등을 일으켰습니다. 온기를 그리워하지만 가시 때문에 괴로워하는 인간의 단면을 스스로 보여준 셈입니다.

인간은 혼자 살 수 없습니다. 외로움은 인간에게 치명적입니다. 그러나 함께 사는 것 역시 쉽지 않다는 것을 인간의 오랜 경험이 말해 주고 있습니다. 우리는 가까운 사이일수록 더 많은 상처를 주고받으며 살아갑니다. 우리 삶의 가장 아픈 기억은 가장 가까운 사람에게서 온 경우가 많습니다. 이것은 모든 인간이 가지는 근본적인 고민이며 고통의 이유입니다. 왜 그럴까요? 이 질문을 가지고 함께 성경을 들여다봅시다.

태초에 관계가 있었다

창세기 1장은 인간의 창조를 이렇게 묘사합니다.

하나님이 이르시되 우리의 형상을 따라 우리의 모양대로 우리가 사람을 만들고 그들로 바다의 물고기와 하늘의 새와 가축과 온 땅과 땅에 기는 모든 것을 다스리게 하자 하시고 하나님이 자기 형상 곧 하나님의 형상대로 사람을 창조하시되(창 1:26-27).

창조 과정에서 하나님은 주로 단수로 등장합니다. 그런데 하늘과 땅과 동물들을 창조할 때와는 달리 인간을 창조하는 대목에서 갑자기 "우리"라는 단어가 나옵니다. 왜 그럴까요? 어느 정도 신앙생활을 해온 이들이라면 이 대목에서 "삼위일체를 말하는 것 아닌가요"라고 대답할 것입니다. 하나님이 세 분이면서 한 분이시라는 말입니다. 이 개념이 어렵기도 하고 "그런 교리가 우리와 무슨 상관이 있나" 할 이들도 있을 것입니다. 이번 시간에 깊이 다루지는 않겠습니다만, 삼위일체 곧 복수로 표현되는 하나님의 속성은 인간이 하나님의 형상대로 창조되었다는 말과 밀접한 관련이 있습니다.

인간이 하나님의 형상대로 창조되었다는 말씀에 대하여 그동안 수많은 학자들이 연구했습니다. 여기에는 신학자뿐 아니라 철학자, 의학자, 심리학자들의 연구들이 관련되어 있는데, 많은 연구들이 하나님의 형상으로 창조되었다는 것은 인간이 근본적으로 **관계적** 존재라는 사실을 드러낸다고 밝히고 있습니다. 요한복음 1:1-3은 창세기 1장을 강력하게 상기시키는 말씀입니다.

태초에 말씀이 계시니라. 이 말씀이 하나님과 함께 계셨으니 이 말씀은 곧 하나님이시니라. 그가 태초에 하나님과 함께 계셨고 만물이 그로 말미암아 지은 바 되었으니 지은 것이 하나도 그가 없이는 된 것이 없느니라(요 1:1-3).

"말씀"으로 번역된 단어의 원어는 '로고스'로 예수 그리스도를 가리키는 말입니다. 즉 예수께서 태초에 하나님과 함께 계셨다는 것입니다. 이 "함께"가 하나님의 본질입니다. 하나님은 혼자서 자족하는 분이 아니라 늘 함께 있기를 좋아하시는 분, 그래서 함께 계신 분입니다. 그리스도의 별명이 말씀이라는 것부터 그분의 강한 관계 지향성을 보여줍니다. 어떤 대상을 향해 말을 건넨다는 것은 단순한 소통을 넘어 관계를 맺고 싶은 의지를 보여주기 때문입니다.

유대인 철학자 마르틴 부버는 "태초에 관계가 있었다"고 말합니다.[1] 이렇게 보면 삼위일체가 단지 사변적 신학이 아니라, 인간 존재에 중요한 통찰을 주는 인식임이 분명합니다. 인간이 하나님의 형상을 닮았다는 것은 인간이 관계를 통해서만 의미와 목적을 발견한다는 말입니다. 인간은 다른 물적 조건이 다 갖추어져도 관계에서 불행하면 행복할 수 없는 존재입니다. 사랑이 없으면 그 인생은 허무한 인생이 되고 맙니다.

외로움과 고립이 건강에 끼치는 영향은 광범위합니다. 우울증과 스트레스 지수 상승, 기억력과 학습능력 저하, 수면장애 등 다양한 심리적 문제와 관련된 것으로 보고되고 있습니다. 그 밖에 심혈관 질환과 심장마비, 당뇨, 류마티스 관절염, 고혈압, 암, 난청 등의 증상이 외로움과 깊은 관련이 있다는 연구 결과가 있습니다.[2]

하버드 대학교에서 지난 1939년부터 2014년까지 75년 동안 성인의 건강과 정서적 안녕에 대해 연구한 적이 있습니다. 하버드 대학교 학생들과 보스턴 지역의 가난한 소년들을 대상으로 이들이 이십대부터 구십대 이상까지 어떻게 살았는지 연구했는데, 그 결과와 관련하여 하버드 성인발달연구소 소장인 로버트 월딩어는 이렇게 말합니다.[3]

> 지난 75년 동안의 연구를 통해 얻은 한 가지 분명한 메시지는, 좋은 인간관계가 우리를 보다 행복하게 하고 건강하게 한다는 사실입니다. 그게 전부입니다.

한마디로 행복하려면 좋은 관계를 누려야 한다는 것입니다. 아무리 가진 것이 많고 사회적 성취가 높아도 좋은 관계가 없으면 행복할 수 없습니다. 바울이 "사랑이 없으면 내가 아무것도 아니요"(고전 13:2)라고 한 것과 일치합니다. 창세기의 첫 부분은 세계의 기원과 인간의 본성에 대한 중요한 통찰을 제공합니다.

> 여호와 하나님이 이르시되 사람이 혼자 사는 것이 좋지 아니하니(창 2:18).

창세기 1장에서 하나님은 천지를 창조하시고 "보시기에 좋았더라"(창 1:4, 10, 12, 18, 21, 25, 31)고 거듭 말씀하십니다. 이 세계는 본질적으로 선합니다. 그러다가 천지창조 기사에서 처음으로

"좋지 않다"고 말하는 대목이 등장하는데 바로 위의 말씀입니다. 하나님이 "사람이 혼자 사는 것이 좋지 않다"고 말씀하시고 나서 하와를 만드시기 때문에 이 대목을 결혼을 권유하는 말로 보기도 합니다. 그러나 성경을 전체적으로 보면 결혼해서 사는 것만이 삶의 유일한 길은 아니라는 여지를 두고 있습니다(고전 7:8). 그러한 맥락에서 이 말씀은 인간에게 근본적으로 관계가 필요하다는 보다 본질적인 인간 이해로 보아야 합니다. 우리의 경험도 이 해석을 지지합니다. 결혼을 하고서도 진정한 관계를 맺지 못하고 고립되어 사는 사람이 있는가 하면, 결혼하지 않고도 풍성한 관계를 누리고 사는 사람이 있기 때문입니다. 물론 일반적으로 결혼을 하는 것이 관계를 누리며 사는 데 훨씬 유리할 것입니다.

관계의 깨어짐과 회복

다시 고슴도치 이야기로 돌아가 볼까요? 고슴도치가 추위를 느끼는 모습, 혼자 살 수 없다는 것을 알고 필사적으로 다른 존재에게 다가가는 모습을 통해 우리는 인간의 본성을 들여다볼 수 있었습니다. 즉 인간은 관계적 존재인 하나님의 형상을 따라 창조되었기 때문에 본성적으로 서로 가까이 가고 싶어 하는 존재인 것입니다. 그렇다면 가까이 다가갈수록 서로를 찌르게 되는 가시는 어떻게 설명할 수 있을까요?

성경은 그것을 죄 때문이라고 설명합니다.

육신의 생각은 하나님과 원수가 되나니 이는 하나님의 법에 굴
복하지 아니할 뿐 아니라 할 수도 없음이라(롬 8:7).

인간이 죄를 지어 **타락**하고 그 결과 하나님과의 관계가 깨어
졌습니다. 그리고 인간 사이의 관계도 깨어졌습니다. 죄를 지은
이후에 아담과 하와가 서로를 비난하고(창 3:12), 그다음 세대에는
형제간의 살인사건이 일어났습니다.(창 4:8) 창세기 전체에 걸쳐
형제들이 불화하고 싸우는 모습, 깨어진 관계에 대한 묘사가 이
어집니다. 죄는 관계의 총체적 파괴입니다. 서로 가까운 사이, 이
해하고 도와주어야 마땅한 사이인데, 시기하고 질투하며 싸우는
것이 인간의 역사입니다. 나라끼리도 마찬가지입니다. 현재 우
리나라와 가장 강한 긴장 관계에 있는 상대는 북한과 일본입니
다. 흔히 일본과의 기나긴 갈등의 역사를 염두에 두고 "가깝고도
먼 나라"라는 표현을 쓰는데, 이러한 모습은 비단 한일 관계에만
국한된 것이 아닙니다. 세계 역사는 '이웃 나라 간 전쟁의 역사'
라고 해도 과언이 아닐 것입니다. 관계의 총체적 파괴는 오늘날
우리가 경험하고 있는 현실입니다.

그렇다면 **구원**은 무엇일까요? 구원은 관계의 회복입니다. 태
초에 관계가 있었고 죄로 말미암아 그 관계가 깨어졌는데, 그 관
계가 회복되는 것이 구원입니다.

우리가 원수 되었을 때에 그의 아들의 죽으심으로 말미암아 하

나님과 화목하게 되었은즉 화목하게 된 자로서는 더욱 그의 살아나심으로 말미암아 구원을 받을 것이니라(롬 5:10).

우리가 하나님의 "원수"가 되었다고 할 만큼 하나님과의 관계가 심각하게 깨어졌는데, 그 관계가 화목하게 되는 것이 구원이라는 말입니다. 사람이 죽으면 갈 수 있는 곳은 두 군데뿐입니다. 천국 아니면 지옥입니다. 천국에는 하나님이 계십니다. 하나님이 천국의 주인이십니다. 그러므로 하나님과 원수인 상태에서는 천국에 갈 수 없습니다. 살아 있는 동안 하나님과 화해해야 합니다. 착하게 살아야 천국에 갈 수 있는 게 아니라, 죽기 전에 하나님과 화해해야 천국에 갈 수 있습니다.

그렇다면 화해의 방법은 누가 정합니까? 높은 사람이 있고 낮은 사람이 있다면 둘 중 누가 화해의 방법을 정해야 할까요? 높은 사람이 정해야 할 것입니다. 죄를 지은 사람이 있고 그 죄로 피해를 본 사람이 있다면 둘 중 누가 화해의 방법을 정해야 할까요? 피해를 본 사람이 정해야 할 것입니다. 하나님과 우리 사이에서는 하나님이 더 높으신 분이시고 우리가 죄를 지었습니다. 하나님은 죄로 말미암아 피해를 본 분이고 관계가 깨어지는 아픔을 당하신 분입니다. 그렇다면 화해의 방법은 하나님이 제시하셔야 마땅한 것입니다. 내가 제시하는 것은 아무 소용이 없습니다. 또한 하나님이 우주 만물의 주인이시기 때문에 하나님이 정하셔야 합니다.

다시 만나는 교회

하나님은 그분의 아들 **예수 그리스도**를 화해의 방법으로 정하셨습니다. 예수 그리스도께서 우리의 죄를 위해 지신 십자가의 의미를 설명하는 것이 쉬울 수도 있고 어려울 수도 있습니다만, 가장 기본적인 사실은 하나님이 예수 그리스도를 화목제물로 삼으셨다는 것입니다. 내가 화해의 방법을 정하는 것이 아니지만, 하나님이 제시해 주신 화해의 방법을 받아들일 것인지 받아들이지 않을 것인지를 결정할 수 있습니다. 하나님이 정하신 화해의 방법을 받아들이는 것이 곧 구원의 길입니다.

신앙생활을 한다는 것

그렇다면 구원 이후의 **신앙생활**은 어떤 의미가 있을까요? 지금까지 우리가 나눈 구원의 길은 간단합니다. 작은 전도 책자를 가지고 십 분 정도 설명하면 끝날 수도 있습니다. 그런데 우리에게 왜 이렇게 두꺼운 성경이 필요할까요?

성경에 나오는 대부분의 이야기는 사실 구원을 받는 것뿐 아니라 구원받은 백성이 어떻게 살아가는지에 관한 내용입니다. 우리가 구원받고 나서 천국 가는 것을 기다리기만 하는 게 아니라, 이 땅에서 어떻게 사는 것이 잘 사는 것인지를 성경을 통해 배우는 것입니다. 그것이 곧 신앙생활입니다.

그러므로 우리가 믿음으로 의롭다 하심을 받았으니 우리 주 예수 그리스도로 말미암아 하나님과 화평을 누리자(롬 5:1).

　로마서 1-4장의 '믿음으로 의롭다 하심을 받는다'는 주제는 기독교 구원의 핵심입니다. '의롭다 하심을 받는다'는 말은 '바른 관계에 놓인다'는 말입니다. 로마서의 권위자 린더 켁은 '의롭다 하심을 받는다'는 말을 'rectify'라는 단어로 번역합니다.[4] 우리말로 '교정하다', '바로잡다'라는 뜻입니다. 기계에 어긋난 부분이 있어서 작동을 멈추거나 오작동할 때 그 중심축을 바로잡으면 기계 전체가 제대로 작동하듯, 인간과 하나님과의 관계가 어긋난 것을 바로잡는 것이 '의롭다 하심'입니다.

　로마서 5-16장은 하나님과의 관계가 바로잡히고 난 이후의 삶에 관하여 말합니다. 이 두 주제를 연결하는 로마서 5:1은 구원과 그 이후의 삶을 연결하는 장치라 할 수 있습니다. 구원은 하나님과 원수 되었던 자들이 화해하는 것 곧 관계가 바로잡히는 것이고, 신앙생활은 화해된 관계를 누리는(enjoy) 것입니다.

　그리스도인은 하나님의 자녀가 된 사람들입니다. 쉽게 표현하면 호적이 바뀐 것입니다. 그런데 호적이 바뀌어서 하나님 자녀가 된 것과 실제로 하나님의 딸과 아들로서 삶을 누리는 것은 많은 차이가 있습니다. 이제 이 아버지가 내 아버지일 뿐만 아니라 찾아가 응석도 부리고, 용돈도 받아 쓰고, 어려울 때 도와 달라고 하고, 같이 놀기도 하고, 한자리에서 밥도 먹는 사이, 그것이 진짜 아버지와의 관계입니다. 하나님과 화해하는 것이 구원이라면, 하나님과 화평을 누리는 것이 신앙생활입니다. 우리가 절제하고 근신하고 죄를 두려워하고 하나님을 경외하고 사명도 엄중히 감당해야 하겠지만, 그리스도 안에서 하나님과 누리는 즐거움과 기쁨이 우리 신앙생활의 기본 색깔입니다. C. S. 루이스 또한 그리스도인의 가장 특징적인 정서는 기쁨이라고 말합니다. '하나님의 자녀인 우리가 무언가 잘못을 범했을 때 하늘에서 벌을 내리지는 않을까' 하는 두려움에 사로잡혀 노심초사하며 신앙생활을 하는 것은 좋지 않습니다. 사도 바울은 우리가 무서워하는 종의 영이 아닌 양자의 영을 받았다는 말로 이 진리를 선명하게 표현합니다(롬 8:15).

화해를 누리는 것이 신앙생활의 첫 번째라고 한다면, 두 번째는 아직도 하나님과 원수 관계에 있는 사람과 영역들도 화해할 수 있도록 돕는 것, 그 화해된 관계를 **넓혀가는**(extend) 것입니다. 바울은 말합니다.

> 하나님께서 그리스도 안에 계시사 세상을 자기와 화목하게 하시며 그들의 죄를 그들에게 돌리지 아니하시고 화목하게 하는 말씀을 우리에게 부탁하셨느니라(고후 5:19).

이 말씀에는 두 가지가 분명하게 드러납니다. 첫째는 하나님이 우리를 그분과 화목하게 하신 것입니다. 둘째는 화목하게 된 사람에게 화목하게 하는 말씀을 부탁하신 것입니다. 결론적으로 신앙생활을 두 가지로 요약해서 말한다면, 하나님과 평화의 관계를 맺고 그 평화를 누리는 것이고, 또한 하나님이 그 화해를 넓혀가시는 일에 우리가 동참하는 것입니다. 전자를 사귐이라 하고, 후자를 선교라고 합니다.

교회의 두 본질

여기에서 우리는 교회가 무엇인지, 그리고 교회가 우리에게 왜 필요한지를 알게 됩니다. 교회의 두 본질은 사귐과 선교입니다. 다시 말해, 교회는 하나님의 샬롬 곧 온전한 평화를 누리며 그 평화를 넓혀가는 공동체입니다. 사귐과 선교가 교회의 본질이라는 말은, 이 두 요소가 교회의 어떤 활동이나 프로그램이 아니라 교회가 곧 사귐이며 선교라는 말입니다.

사귐과 선교가 교회의 본질이라면 둘 중에 무엇이 보다 중요할까요? 대부분의 교회에서는 전도(선교)가 지상 최대의 과제이고, 전도를 잘하기 위해서는 같이 식사를 하거나 차를 마시며 이야기를 자주 나누어야 한다고 말합니다. 다시 말해, 우리는 전도를 잘하기 위한 수단으로 사귐이 필요하다는 인식에 익숙합니다. 그러나 성경은 그렇게 말하지 않습니다.

우리가 보고 들은 바를 너희에게도 전함은 너희로 우리와 사귐이 있게 하려 함이니 우리의 사귐은 아버지와 그의 아들 예수 그리스도와 더불어 누림이라(요일 1:3).

이 말씀은 우리가 보고 들은 바를 전하는 목적이 사귐에 있다는 사실을 분명히 전합니다. 물론 그것이 단지 인간들 간의 사귐에 불과한 것은 아닙니다. 그 속에 하나님 아버지와 예수 그리스도가 함께 계시는 것입니다. 창세기 1장에서 배운 대로 삼위일체 하나님의 사귐이 먼저 있고, 인간은 그 형상을 따라 창조되었습니다. 삼위일체 하나님의 귀한 사귐에 우리가 초대되었는데 그 관계가 깨어진 것이 타락입니다. 요한일서 말씀이 전하는 사귐은 인간 창조의 본래 목적과 본질로 돌아가는 것입니다. 전도가 중요하지만, 전도를 하는 궁극적 목적은 사귐입니다.

일반적으로 전도가 중요하다고 말하는 가장 큰 이유는 그것이 영원한 결과를 가져오기 때문입니다. 우리가 하루하루 열심히 일을 하면서 살지만, 우리가 하는 일의 결과가 언제까지 남을까요? 학자들이 열심히 연구를 하지만, 논문을 발표하고 나서 5년만 지나도 효용가치가 현저히 떨어집니다. 희대의 발명품들이 세월이 지나면 골동품이 되고 맙니다. 누군가가 회사를 세워서 큰 성공을 거두었다는 말을 들은 지 얼마 안 되어서 그 회사가 부도났다는 소식을 듣습니다. 글로벌 컨설팅사 맥킨지에 따르면 1935년 당시 기업의 평균 수명이 90년이었는데, 1975년에 30년, 1995년에 22년으로 점차 줄어들었다고 합니다. 급기야 2019년 현재 기업 수명은 평균 15년 이하라고 합니다.[5] 수많은 단체와 모임과 정당이 생겼다가 얼마 못 가 사라지는 것을 봅니다. 그러나 우리가 전도를 하게 되면 그 결과는 영원합니다. 그래서 한 영혼을 위해 기도하고 전도하고 양육하는 일은 참으로 소중합니다. 사도 바울이 빌립보 교인들을 향해 "나의 기쁨이요 면류관"(빌 4:1)이라 고백했습니다. 우리가 시간 속에서 누군가에게 예수 그리스도를 전하면 그 영향은 영원히 남습니다.

그런데 우리가 천국에 가게 되면 전도를 할까요? 천국에서는 전도할 일이 없을 것입니다. 그러면 천국에 가면 사귐이 있을까요? 있습니다. 이 땅에서 시작한 사귐이 천국까지 가게 될 것입니다. 우리 안에서 시작된 하나님과의 사귐이 천국에 가서 온전해질 것입니다. 성도들 간의 사귐도 마찬가지입니다. 선교가 영원한 결과를 가져오기 때문에 중요하다면, 사귐은 그 자체로 영원하기에 더욱 중요합니다.

물론 좋은 교회라면 사귐과 선교 두 가지가 모두 조화를 이루어야 합니다. 우선, 교회생활이 선교 지향적이어야 합니다. '전도'라는 타이틀이 붙은 프로그램을 진행할 때뿐 아니라 공동체의 모든 삶이 선교와 직간접적으로 관련되어 있어야 합니다. 가령 예배에 관해 논의할 때 이 예배가 믿지 않는 사람들의 마음에 어떻게 닿을 것인지에 대한 고민이 필요합니다. 교회에 오래 다닌 사람들에게 편하고 익숙한 예배만을 고집하는 교회에는 미래가 없습니다. 바울도 기존 신자에게는 편안한데 처음 방문한 이에게는 어색할 수 있는 예배를 지양하라고 말합니다(고전 14:23).

다시 만나는 교회

공간 배치부터 관계 형성, 교회 문화에 이르기까지, 교회생활에 익숙하지 않은 이들을 세심하게 배려해야 합니다. 또한 교회에서 행사를 기획할 때, 어떻게 하면 이 행사에 다른 사람들을 초청하여 환영할 수 있을지 고민하며 준비하는 게 좋습니다.

요즘 많은 교회들이 교회 주차장의 가장 좋은 공간을 방문자나 새가족이 사용할 수 있도록 배려합니다. 그들에게 그리스도를 소개하는 것이 그만큼 중요하기 때문입니다. 이러한 작은 실천들은 교회의 근본 목적이 어디에 있는지를 삶으로 확인하는 계기가 됩니다. 즉 전도하기 위해 먼 자리에 주차를 하는 불편을 감수하는 것에서부터, 복음을 전하고 생명 살리는 일을 우선시하는 라이프스타일과 교회 문화가 자리 잡고 형성되는 것입니다.

다음으로 교회생활의 모든 부분에 사귐이 스며 있어야 합니다. 교회에서 식당 봉사를 한다고 가정해 봅시다. 성도들이 먹을 음식을 맛깔나게 준비하는 것보다 중요한 것은 그 속에서 사귐이 일어나는 것입니다. 찬양대가 탁월하게 찬양을 부르는 것도 좋지만, 찬양대원들이 함께 만나 사랑의 교제를 나누는 것이 보다 중요합니다. 어떤 일의 결과보다 그 안에 있는 사람들, 그리고 그들과의 관계를 소중하게 여기는 것이 교회입니다. 교회의 목사와 장로가 모여서 주요 사항을 결정하는 기구를 당회라고 합니다. 좋은 당회는 행정적으로 일을 잘 처리하는 당회가 아니라, 당회원 간에 서로 사랑하고 존중하며 사랑의 모범을 보이는 당회입니다. 회사의 이사회가 생산성과 능률을 가장 중요하게 여긴다면, 교회의 당회는 사랑의 관계가 우선이 되어야 합니다. 당회가 모범이 되고, 전도회, 권사회, 구역 모임, 소그룹이 모두 사랑의 관계 안에서 자라나는 교회가 좋은 교회입니다. 사귐이 핵심입니다. 이 원리는 교회생활을 시작하는 모든 이에게 좋은 안내가 됩니다. 교회 안에서 어떤 모임에 들어가거나 사역을 시작할 때 내가 얼마나 도움이 될지, 그것이 얼마나 의미가 있을지 너무 심각하게 고민할 필요가 없습니다. 무엇보다 만남과 교제 자체가 목표가 되기 때문입니다.

'교회'라는 단어를 사전에서 찾아보면 '가르칠 교'(敎)를 씁니다. 배움을 중시하던 동양의 유교 전통이 반영된 결과입니다. 참고로 일본 사람들은 목사를 가리켜 선생이라 부릅니다. 물론 교회에서 배움은 중요한 요소입니다. 그러나 더 중요한 것은 사귐입니다. 강원도 태백의 예수원에서 사역했던 대천덕 신부는 성경의 교회를 제대로 이해한다면 '가르칠 교'를 쓰는 교회(敎會)가 아니라 '사귈 교'를 쓰는 교회(交會)가 되어야 한다고 주장했습니다.

성경지식이 아무리 많아도 그 속에 사귐이 없으면 좋은 교회가 아닙니다. 많은 성도가 모이고 사회를 위해 좋은 일을 많이 한다고 해도 사귐이 메마른 교회는 건강한 교회라 할 수 없습니다. 서로의 관계를 소중히 여기는 교회, 사귐에서 기쁨을 얻는 교회가 좋은 교회입니다. 다시 강조하면, 이 사귐은 인간들만의 사귐이 아니라, 하나님과 예수 그리스도와 함께하는 사귐입니다. 이 사귐을 이루어가는 다양한 통로가 있지만 예배가 중심입니다. 하나님을 만나는 예배를 중심으로 성도들이 함께 울고 웃으며 삶을 나누는 공동체를 만들어야 합니다.

선 교	사 귐
화해를 넓혀간다(extend).	화해를 누린다(enjoy).
영원한 결과를 가져온다.	그 자체로 영원하다.
교회생활이 선교 지향적이어야 한다.	교회생활의 모든 부분에 사귐이 스며 있어야 한다.

밥상 공동체

신약성경의 복음서에는 예수님이 기적을 행하시는 장면이 등장합니다. 그런데 마태복음, 마가복음, 누가복음, 요한복음에 모두 나오는 기적은 단 하나밖에 없는데 바로 오병이어의 기적입니다. 예수님이 어린아이의 도시락으로 오천 명을 배불리 먹이신 사건입니다.

제자들에게 명하사 그 모든 사람으로 떼를 지어 푸른 잔디 위에 앉게 하시니 떼로 백 명씩 또는 오십 명씩 앉은지라(막 6:39-40).

여기서 "떼를 지어"라고 번역된 단어의 원어는 '심포지아, 심포지아'입니다. 심포지움이라고 알려진 당시의 여유 있는 파티를 연상하게 합니다. 푸른 잔디 위에서 피크닉을 하는 듯한 모습이 상상되지 않습니까? 오병이어의 기적은 단순히 배고픈 사람들을 구제한 사건이 아니라, 풍성한 나눔(코이노니아, 교제)이 살아있는 하나님 나라를 보여주는 장면입니다.

팀 체스터는 『예수님이 차려 주신 밥상』에서 로버트 캐리스의 말을 인용하여 이렇게 말합니다. "누가복음의 예수님은 늘 식사하러 가거나 식사 중이거나 식사를 끝내고 나오는 중이셨다."[6] 실제로 누가복음에는 예수님이 식사하시는 장면이 자주 등장하는데, 혼자가 아니라 함께 식사하십니다. 먹고 마시기를 탐하는 사람, 세리와 죄인의 친구라는 별명이 붙을 정도로, 사람들을 차별하지 않고 함께 어울려 먹는 자리를 가지신 것은 사람들의 눈에 비친 예수님의 가장 특징적인 이미지였습니다. 오늘날 한국 교회에서 '밥상 공동체'라는 표현을 많이 사용하는데, 함께 먹는 자리야말로 우리 가운데 임한 하나님 나라를 가장 생생하게 보여준다는 의미를 담고 있습니다.

볼지어다. 내가 문 밖에 서서 두드리노니 누구든지 내 음성을 듣고 문을 열면 내가 그에게로 들어가 그와 더불어 먹고 그는 나와 더불어 먹으리라(계 3:20).

이 말씀은 요한계시록에서 일곱 교회에 보낸 당부 말씀의 결론에 해당하는 부분입니다. 한 설교의 결론에서 가장 중요한 초청이 이루어지듯, 글을 읽는 사람들을 직접적으로 초청하는 말씀입니다. 여기서 말하는 "문"은 무슨 문일까요? 그것은 바로 '나'라는 존재 속으로 들어오는 문입니다. 두드린다는 말은 열어 달라고 간청한다는 의미입니다. "하나님은 전능하신 분이라는데, 그냥 손잡이를 돌려서 우리 마음의 문을 열고 들어오시면 되지 않을까?"라고 질문하시는 분이 있을 것입니다. 하나님은 그럴 만한 능력이 없으신 것이 아니라, 그렇게 하지 않기로 작정하신 것입니다. 우리가 직접 열 때까지 기다리시겠다는 것입니다. 문을 두드리는 행위에는 관계를 맺는 것에 대한 간절함이 담겨 있습니다. 관계의 시작을 상대방의 결정에 맡기겠다는 겸손함이 묻어나는 그림입니다. 혹시 한참을 두드려도 열어 주지 않는 문 앞에 서서 기다려 본 적이 있습니까? 어찌 보면 참으로 비참한 경험입니다. 이것이 곧 하나님이 나를 위해 자신을 낮추신 모습입니다.

안에서 문을 열어서 예수님이 들어가시면 그다음에 어떤 일이 일어납니까? 요한계시록 말씀은 우리 인간이 알 수 있는 가장 아름다운 언어로 그것을 묘사합니다. "그와 더불어 먹으리라." 이것은 곧 식구가 될 것이라는 말입니다. 식구는 밥으로부터 시작해서 모든 것을 함께합니다. 가족 중 누군가가 아프면 함께 아파하고, 좋은 일이 생기면 함께 기뻐합니다. "우리가 의롭다 하심을 받았으니 우리 주 예수 그리스도로 말미암아 하나님과 화평을 누리자"(롬 5:1)라는 말씀을 생생한 그림으로 보여준 것이 바로 예수님의 밥상 공동체입니다.

복음서뿐 아니라 바울서신에서도 밥상 공동체는 중심에 있습니다. 평소에 신학적으로 유연하고 포용적인 태도를 보였던(고전 9:19-21) 바울이 격하게 반응을 보인 때가 있었는데, 바로 안디옥 사건입니다. 당시 안디옥 교회에서 유대인과 이방인이 똑같은 자격으로 함께 식사를 했는데, 이것을 불편하게 생각하는 사람들이 들이닥치자 일부 인사들이 이방인과 함께하는 식탁에서 물러났습니다. 바울은 이러한 행동을 복음의 본질을 훼손하는 것으로 보았습니다(갈 2:11-14). 고린도전서는 교회의 하나됨과 관련하여 어떻게 성찬을 해야 하는지에 관해 다룹니다. 당시의 성찬은 함께 모여 식사를 나누는 것이었는데, 함께 먹는 자리에 분열이 있을 경우 "주의 만찬"이라 인정하지 않았습니다(고전 11:20). 결론적으로, 함께하는 사귐에 교회의 본질이 있는 것입니다.

○

이제 첫 번째 강의를 마무리하겠습니다. 이 책 전체의 주제는 '울림과 어울림'입니다. 울림은 하나님의 말씀과 그리스도의 사랑이 우리 존재에 다가올 때 전해지는 울림을 말합니다. 그 울림이 있을 때 비로소 인간 사이의 벽이 허물어지고 함께 어울리게 됩니다. 앞에서 잠시 살펴보았듯이 인간은 서로 어울리기 힘든 존재입니다. 현대인은 팽팽한 긴장과 갈등, 경쟁으로 숨 막히는 삶을 살고 있습니다. 서로 판단하고 험담하는 데 익숙합니다. 고슴도치처럼 가시가 있기 때문입니다. 모든 인간이 그렇습니다.

함께 사는 것이 버겁습니다. 너무 힘든 나머지 '차라리 그냥 혼자 살까?'라고 생각하는 사람이 점점 늘어납니다. 혼밥족이나 혼술족과 같은 나홀로족의 문화는 이제 더 이상 낯선 풍경이 아닙니다.

그러나 성경은 정반대의 방향을 지향합니다. 하나님이 우리에게 다가와 울림을 주시고 그것이 어울림으로 이어지는 길, 이전에는 함께하기 힘들었던 사람들이 마음을 열어 대화하고 서로 알아가며 포용하는 관계로 자라나는 삶의 길을 제시합니다. 단순히 이웃끼리 잘 지내는 차원에서 그치는 것이 아니라, 하나님이 우리를 창조하신 본래의 모습을 회복하는 것입니다. 예수 안에서 관계가 회복되고 서서히 나의 모든 것이 회복되기 시작합니다. 박약한 의지가 군건해지고 우둔한 생각에 지혜가 깃듭니다. 메마른 사람이 정서적으로 풍부해지고 냉담하던 사람이 이웃을 사랑할 줄 아는 사람으로 자라가는 것입니다.

여기에 수레바퀴가 있습니다. 이쪽 끝에 있는 바퀴살과 저쪽 끝에 있는 바퀴살이 만나고 싶어 합니다. "우리 가까이 지내자." 그런데 잘 안 됩니다. 서로 "네가 나한테 와", "네가 나에게 맞춰" 하고 주장하기 때문입니다. "마음은 원이로되 육신이 약하도다"(막 14:38)라는 말씀은 깨어 있어야 할 시간에 졸고 있는 제자들에게 하신 말씀이지만, 좀 더 넓은 맥락에서 간절히 원하는 바를 행할 능력이 없는 인간 실존의 한계를 말하는 것으로 볼 수 있습니다. "육신이 약하다"는 것은 인간의 본성이 본질적으로 자기중심적이어서, 하나되기 원하지만 서로 싸우고 시기할 수밖에 없다는 것으로도 적용할 수 있습니다.

오늘날 많은 부부들이 서로 사랑할 것을 다짐하고 결혼하여 복된 결혼생활을 이어가기 원하지만 잘 안 됩니다. 오늘도 많은 단체들이 "우리 하나되자" 하고 외치지만 쉽지 않습니다. 그것은 자기중심으로 하나되기를 원하기 때문입니다. 그러나 양쪽에 있는 바퀴살이 서로 만날 수 있는 방법이 하나 있습니다. 각각 중심을 향해 가면 됩니다. 이때 그리스도가 중심이 됩니다. 우리 각자가 예수님께 가까이 가면 자신도 모르게 서로 가까이 가게 되어 있습니다. 그리스도를 닮으면 힘들었던 관계에도 변화가 생깁니다. 하루아침에 되지는 않겠지만 서서히 아름답게 변화될 줄 믿습니다. 목회를 하다 보면, 도저히 돌이킬 수 없을 것 같은 관계가 그리스도의 은혜 가운데 서서히 회복되는 경우를 종종 봅니다. 우리는 모두 자기중심적인 사람들이어서 하나되자고 하면서도 순간순간 서로를 가시로 찌르며 살아가고 있습니다. 방법은 하나밖에 없습니다. 그리스도가 중심입니다. 그리스도께로 가까이 갈 때, 그래서 주님을 더욱 깊이 알아갈 때, 전에는 다가가기조차 힘들었던 사람이 안아 줄 수 있는 사람으로, 그렇게 보기 싫었던 사람이 보고 싶은 사람으로 바뀌는 은혜가 있게 됩니다. 이러한 화해의 역사를 누리고 넓혀가는 교회, 하나님과 화해하고 세상에 평화를 심는 교회가 되기를 소망합니다.

1. 태초에 관계가 있었다

· 창세기 1장에서 하나님이 인간을 창조하실 때 '복수'('우리', 창 1:26-27)로 등장하신다. 하나님의 형상으로 창조되었다는 것은 인간이 근본적으로 '관계적 존재'라는 사실을 드러낸다.

· "말씀"(로고스)이신 예수 그리스도는 태초에 하나님과 '함께' 계셨다(요 1:1-3). 하나님은 혼자서 자족하는 분이 아니라, 늘 함께 있기를 좋아하시고 함께 계시는 분이다.

· "사람이 혼자 사는 것이 좋지 않다"(창 2:18)는 하나님의 말씀에는 인간에게 근본적으로 '관계'가 필요하다는 이해가 담겨 있다.

2. 관계의 깨어짐과 회복

· 인간이 죄를 지어 '타락'한 결과, 하나님과는 물론이고 인간 사이의 관계도 깨어졌다. '구원'은 그렇게 깨어진 관계가 회복되는 것이다.

· 하나님은 그분의 아들 예수 그리스도를 화해의 방법으로 정하시고 화목제물로 삼으셨다.

3. 신앙생활을 한다는 것

· 이 땅에서 구원받은 백성으로서 어떻게 살아야 할 것인지 성경을 통해 배우는 것이 신앙생활이다.

· 신앙생활은 하나님과 평화의 관계를 맺고 누리는(enjoy) '사귐'과, 하나님이 그 화해를 넓혀가시는(extend) 일에 우리가 동참하는 '선교'로 요약할 수 있다.

4. 교회의 두 본질

· 교회의 두 본질은 '사귐과 선교'다. 교회의 어떤 활동이나 프로그램이

아니라 교회가 곧 사귐이고 선교라는 말이다.

· 선교가 영원한 결과를 가져오기 때문에 중요하다면, 사귐은 그 자체로 영원하기에 더욱 중요하다.

· 교회생활이 선교 지향적이어야 하며, 교회생활의 모든 부분에 사귐이 스며 있어야 한다.

· '교회'(敎會)를 넘어 '교회'(交會)를 이루어야 한다.

5. 밥상 공동체

· 사복음서에 등장하는 '오병이어의 기적'은 단순히 배고픈 사람들을 구제한 사건이 아니라, 풍성한 나눔이 살아 있는 하나님 나라를 보여주는 장면이다.

· 밥으로부터 시작하여 모든 것을 함께하는 '식구'가 되는 것이 예수님의 밥상 공동체다.

1. 고슴도치 이야기를 이해한 대로 설명하고 자신의 생각을 나누어 봅시다. 친밀하기를 원하면서도 동시에 적당한 거리를 두고 싶어 하는 욕구(고슴도치 딜레마)를 느껴 본 적이 있습니까? 특히 현대인에게 이러한 증상이 흔히 나타나는 이유는 어디에 있다고 봅니까?(23-24쪽 참조)

2. 외로움에 대한 다양한 연구는 인간과 나 자신에 대해 무엇을 말해 줍니까? 또한 성경은 이에 대해 무엇이라 말합니까?(26-28쪽 참조)

3. [괄호 넣기] 인간이 하나님의 형상으로 창조되었다는 말은 인간이 근본적으로 (   )적 존재라는 말입니다. 타락은 (   )의 깨어짐이며, 구원은 (   )의 회복입니다(25, 29-30쪽 참조).

4. 교회(敎會)라고 쓰는 것과 교회(交會)라고 쓰는 것은 어떤 차이가 있습니까?(38쪽 참조) 후자로 이해할 때 나의 교회생활이 어떻게 달라질 수 있을지 나누어 봅시다.

5. [괄호 넣기] 교회의 두 본질은 (   )과 (   )라고 했습니다 (34쪽 참조). 오늘 강의를 들으면서 교회와 관련하여 생각이 바뀐 부분이 있다면 나누어 봅시다.

6. 수레바퀴 예화(43쪽)를 읽으며 느낀 점은 무엇입니까? 이번 강의를 통해 생긴 소망이 있다면 나누어 봅시다. 내 삶에서

회복되기를 원하는 관계에 대해 나누어도 좋고, 어떤 부분에
서 변화되었으면 좋겠다는 다짐을 나누어도 좋습니다.

과제

함께하는 삶은 서로에 대한 관심에서 시작합니다. 소그룹의 앉아 있는 순
서대로 이름을 적고(가능하면 외우려고 노력하세요) 다음 시간까지 이름을 들여다
보며 그 사람을 위해 생각나는 대로 기도해 봅시다.

두 번째 만남

믿음 —
구원은 관계의 회복이다

그대 향한 내 기대 높으면 높을수록

그 기대보다 더 큰 돌덩이 매달아 놓습니다.

부질없는 내 기대 높이가 그대보다

높아서는 아니 되겠기에

내 기대 높이가 자라는 쪽으로

커다란 돌덩이 매달아 놓습니다.

그대를 기대와 바꾸지 않기 위해서

기대 따라 행여 그대 잃지 않기 위해서

내 외롬 짓무른 밤일수록

제 설움 넘치는 밤일수록

크고 무거운 돌덩이 하나

가슴 한복판에 매달아 놓습니다.

이 시는 고정희의 『이 시대의 아벨』에 나오는 「사랑법 첫째」라는 시입니다.[1] 1983년 출간된 이 시집에는 「사랑법」이라는 연작시가 실려 있는데, '사랑'이라는 단어 뒤에 '법'이라는 말을 붙인 시도가 출간 당시 파격으로 받아들여졌습니다. 그 이전의 사랑시들은 대부분 연모의 정으로 불타지만 상대방이 마음의 문을 열지 않는다든지, 다른 장애물 때문에 이루어질 수 없는 사랑을 애끊는 마음으로 노래한 시들이 대부분이었습니다. 환경의 제약이 없다면 나는 얼마든지 순순하게 사랑할 준비가 되어 있다는 자의식이 그 안에 있었습니다. 그러나 사랑에도 '법'이 필요함을 주장한 고정희의 시에는 우리의 사랑이 서투르거나 빗나갈 수 있다는 자각이 담겨 있습니다.

사랑은 어렵다

하나님이 세상을 이처럼 사랑하사 독생자를 주셨으니 이는 그를
___ 자마다 멸망하지 않고 영생을 얻게 하려 하심이라.

이 말씀은 성경에서 가장 잘 알려진 구절 중 하나인 요한복음 3:16입니다. 빈칸에 들어갈 말이 무엇일까요? 정답은 "믿는"입니다. 우리가 이미 답을 알고 있기 때문에 아주 쉽습니다. 그

러나 기독교에 대해서 전혀 모르고 성경도 한 번도 읽어 본 적이 없는 사람이 이 구절을 본다면 빈칸에 어떤 단어를 넣을까요? 아무것도 모르는 상태에서 이것이 어떤 종교의 핵심 교리라고 소개받는다면 무슨 말을 넣는 게 자연스러울까요?

그것은 바로 "사랑하는"입니다. 성경은 하나님이 먼저 우리를 사랑하셨다고 말합니다. 사실 인간이 사랑하지 않는데 신이 먼저 인간을 사랑한다는 것은 낯선 개념입니다. 냉담한 신의 관심과 호의를 얻어내기 위해 인간이 끊임없이 노력하는 것이 대부분의 종교가 보여주는 양상입니다. 인간이 먼저 신을 사랑하고 지극정성을 기울여야 그제야 그 신이 관심과 사랑을 줄까 말까 하는 것입니다.

그런 점에서 기독교는 굉장히 독특합니다. "주 예수 내가 알기 전 날 먼저 사랑했네"라는 한 찬양의 가사처럼, 우리가 하나님에 대해 관심이 없었는데 하나님이 먼저 우리를 사랑하셨습니다. 그런 다음 우리에게 사랑을 요구하지도 않으십니다. 그렇다면 무엇을 요구하십니까? 바로 믿음입니다. 하나님은 목숨까지 바쳐서 우리를 사랑하시고 오직 믿음만을 요구하십니다. 왜 그럴까요? 시인 라이너 마리아 릴케의 말입니다.

사랑은 가장 좋은 일이지만 동시에 가장 어려운 일이기 때문입니다. 인간이 인간을 사랑한다는 것은 우리에게 부과된 일 중 가장 어렵고 궁극적인 것이며 최후의 시련이요, 다른 모든 일이란

실로 그 준비에 불과한 것입니다.[2]

인간에게 가장 소중한 것은 사랑입니다. 인간이 소중하다고 생각하는 것들이 많지만, 거기서 사랑이라는 것을 빼면 의미가 없어질 것입니다. 돈, 인기, 명예, 권력도 아무 소용 없습니다. 열심히 취업을 준비하던 어느 청년이 입사 면접을 거쳐 최종 합격했다는 연락을 받았습니다. 이 기쁨을 가장 먼저 알리고 싶은 사람이 어머니인데 어머니는 몇 달 전 세상을 떠나고 이 세상에 없습니다. 가장 기쁜 날이 어머니의 부재로 쓸쓸하고 슬픈 날이 되어 버렸습니다. 2014년 봄, 세월호 참사 당시 어느 유가족이 이런 말을 남겼습니다. "그동안 가난하지만 행복한 가정이었는데, 널 보내고 나니 가난만 남았구나." 가난이 고통스럽지만 그 고통을 이기고 살 수 있는 힘은 사랑입니다. 우리가 열심히 일하거나 공부하는 것도 사랑하고 사랑받기 위해서입니다. 가족을 사랑하든, 나라를 사랑하든, 자신을 사랑하든 모든 목표는 사랑으로 모아집니다. 성경에서도 "그런즉 믿음, 소망, 사랑, 이 세 가지는 항상 있을 것인데 그중의 제일은 사랑이라"고 했습니다(고전 13:13). 사랑이 끝까지 가장 중요한 것으로 남는다는 말입니다.

이렇듯 인간에게 가장 소중한 것이 사랑이지만 실제로 사랑하기는 힘들고 어렵습니다. 사랑한다고 말하기는 쉬울지 몰라도 실제로 사랑하는 것은 쉽지 않은 일입니다. 그 사람을 사랑하는 것인지, 그 사람이 나의 욕망을 충족시켜 줄 것을 기대하는 것인

다시 만나는 교회

지 구분하기 힘들 때가 많습니다. 부모의 사랑이 이성에 대한 사랑에 비해 숭고하다고 말하지만 그 또한 얼마간의 욕심과 자기 중심성이 뒤섞여 있습니다. 그래서 사랑이라는 이름으로 자녀에게 부담을 주기도 하고 그 삶을 망치기도 합니다. 사랑 없이 살수 없음에도 사랑하는 것 자체가 힘들다는 게 인간의 큰 한계이자 딜레마이며 고통의 원인입니다.

하나님은 사랑할 능력이 인간에게 없기 때문에 우리에게 사랑을 요구하지 않으시고 그 대신 믿음을 요구하십니다. 사랑이 가장 중요하지만 시작은 믿음으로 해야 합니다. 복음전도는 늘 "예수를 사랑하라"가 아니라 "예수를 믿으라"는 말로 시작합니다. "이웃을 사랑하라"는 말도 복음의 시작은 아닙니다. 사랑하자는 말은 세상에도 많습니다. 대중가요에도 차고 넘칩니다. 그러나 그것으로 인간의 문제가 해결되지 않습니다. 믿음에서 시작해야 합니다. 그렇다면 믿음이란 무엇일까요?

믿음이란 무엇인가

영어권 사람들은 "오늘 비가 올까?"(Is it raining today?)라는 질문에 "I believe so"라고 대답하곤 합니다. 어떤 무게도 실리지 않은 "그렇게 생각한다" 정도의 말입니다. 누군가는 이런 가벼운 이해에 개탄하며 믿음을 다음과 같이 설명하기도 합니다.

큰 폭포 위에 외줄타기를 하는 사람이 있습니다. 사람들이 숨을 죽이며 지켜보다가 그 사람이 줄 위를 무사히 다 건너자 우뢰 같은 박수를 칩니다. 그가 군중을 향해 외칩니다. "내가 여러분 가운데 한 사람을 업고 이 줄을 건널 수 있다고 믿으십니까?" 군 중이 "네!" 하고 큰소리로 대답합니다. 그가 곧바로 소리칩니다. "그러면 여러분 중 한 분만 이 앞으로 나와 보십시오." 그러나 군 중 가운데 그 누구도 나서지 못합니다.

이런 예를 들어 믿음에 관해 설명하는 것의 결론은 그들 중 아무도 참 믿음을 가지지 못했다고 설명하는 식입니다. 한마디 로 믿음은 지식이나 감정의 차원에 의지적 결단이 더해져야 한 다는 인식입니다. "오늘 비가 올 것 같아"라는 가벼운 생각을 '믿 는다'는 단어로 표현하는 것보다는 진일보한 것이지만 성경적 믿음을 나타나기에는 부족합니다.

믿음은 어떤 의견이나 교리에 대해 지적인 동의를 표하는 정 도의 차원이 아닙니다. 여기에 의지적 결단을 더한다고 해서 성 경이 말하는 믿음에 도달할 수 있는 것도 아닙니다. 믿음이 지식 과 감정과 의지를 갖기 때문에 의지적 결단을 더해야 한다는 설 명은, 사람의 몸이 머리와 몸통과 팔과 다리로 이루어져 있기 때 문에 부족한 부분을 갖다 붙이면 온전한 몸이 될 것이라는 말과 비슷합니다.

믿음은 **사랑의 관계** 안에서 생기고 자라납니다. 의지적 결단 도 이 관계 안에서 여린 새싹처럼 돋았다가 점점 자라나는 것인 데, 목숨을 걸 정도의 의지가 있어야 진짜 믿음이라는 설명은 들는 사람들을 자신은 믿음이 없다는 열등감에 빠트립니다. 그러한 사람들 중에 억지로 믿음을 만들어 내야겠다고 다짐하는 이들이 생기는 것은 당연합니다. 굳이 따지자면, 예배시간에 다른데 가지 않고 교회 와서 설교 듣고 있는 것 자체에 '의지적인 행동'이 있는 것으로 인정해야 합니다. 믿음에 대한 열등감은 과장된 행동으로 이어지기도 합니다. 외적 안전이 보장되지 않고 내적 확신도 충분하지 않은 상태에서 위험한 지역에 선교사로 가겠다고 나서거나, 전염병 창궐로 인한 위험을 무시하고 "믿음으로 목숨을 걸고" 예배로 모이겠다는 식의 과잉행동이 이런 잘못된 믿음 이해에 뿌리를 두고 있습니다. "팔다리를 붙였는데 왜 안 움직이지?" 하는 식입니다. 믿음은 그런 식으로 작동하지 않습니다.

믿음이 사랑의 관계 안에서 어떻게 시작되고 진전되는지 성경을 통해 차근차근 살펴보겠습니다.

> 영접하는 자 곧 그 이름을 믿는 자들에게는 하나님의 자녀가 되는 권세를 주셨으니 (요 1:12).

이 말씀에서 보듯 믿음은 영접하는 것입니다. 영접은 받아들이고(accept) 환영한다는(welcome) 의미가 담긴 말입니다. 손님을 집으로 영접한다는 말을 생각해 보십시오. 하나님이 내 마음 문을 두드리실 때(계 3:20) 문을 열어 들어오시게 하는 것이 영접입니다.

누가복음 15장에는 '탕자의 비유' 이야기가 나옵니다. 어떤 사람에게 두 아들이 있었는데, 어느 날 둘째 아들이 아버지께 유산을 미리 상속해 줄 것을 요구합니다. 아버지는 재산을 나누어 아들에게 주고, 얼마 지나지 않아 아들은 먼 나라로 떠납니다. 거기서 그는 흥청망청 돈을 쓰며 방탕하게 살고 얼마 지나지 않아 거지꼴이 되고 맙니다. 시간이 지나 정신을 차린 그는 아버지께 돌아가기로 결심합니다. 초라한 몰골을 하고 집으로 돌아오는 아들을 멀리서 보고 아버지는 부리나케 달려가 아들을 끌어안고 입을 맞춥니다. 본래 아들은 부끄러워 아버지를 볼 낯이 없어서 아들로 복귀하는 것은 꿈도 못 꾸고 그저 품꾼으로 써 달라고 요청할 참이었습니다. 그러나 아버지는 아들을 반갑게 맞이한 뒤 좋은 옷을 입히고 잔치를 벌입니다. 어떤 질책도 없이, 어떤 조건도 없이 그대로 받아 준 것입니다. 아버지가 아들을 영접한 것입니다. 이제 아들에게 요구되는 것은 무엇입니까? 열심히 돈을 벌어 아버지에게 끼친 손해를 갚는 것이 아닙니다. 나는 그럴 자격 없다고 아버지의 손을 뿌리치는 것도 아닙니다. 이 순간 아들에게 요구되는 유일한 일은 아버지의 사랑을 받아들이는 것입니다. 아버지가 나를 아무 조건 없이 완전히 받아들이셨다는(totally accept) 사실을 완전히 받아들이는(totally accept) 것입니다.

그와 마찬가지로, 우리는 믿음을 내가 '완전히 받아들여졌다는 사실을 완전히 받아들이는 것'(total acceptance of the total acceptance)

다시 만나는 교회

이라 정의할 수 있습니다. 나에 대한 하나님의 전적인 수용을 내가 전적으로 수용하는 것입니다. 그것이 곧 영접이고 믿는 것입니다. 간단하게 말하면, 하나님의 사랑을 받아들이는 것이 믿음입니다. 하나님이 우리를 먼저 사랑하셨습니다. 우리를 위하여 예수님을 십자가에 내어 주실 정도로 사랑하셨습니다. 그리고 우리에게는 사랑을 요구하지 않으십니다. 단지 그 사랑을 받아들이기만 하라고 말씀하십니다.

영접할 때 무슨 일이 일어나는가

다음으로 우리가 예수님을 영접할 때 무슨 일이 일어나는지 살펴보겠습니다. 예수님이 갈릴리에서 예루살렘으로 가시는 길에 마지막으로 여리고라는 도시에 들르시는데, 그곳에는 삭개오라는 세리장이 살고 있었습니다. 세리장은 당시 백성들을 착취하고 로마 정권에 빌붙어 자신의 배를 불리는 매국노의 전형으로 유대인들이 가장 사악한 사람으로 생각하던 부류였습니다. 이 사람이 예수님을 간절히 보고 싶어 했는데, 키가 작아 군중들 속에서 예수님을 볼 수 없었습니다. 어쩌면 군중들 속을 헤집고 나아갈 자신이 없었는지도 모릅니다. 삭개오는 예수께서 지나가실 때 보려고 돌감람나무 위에 올라갔습니다. 예수께서 나무 밑에 오셔서 그를 올려다보며 말씀하십니다.

삭개오야, 속히 내려오라. 내가 오늘 네 집에 유하여야 하겠다 하
시니 급히 내려와 즐거워하며 영접하거늘 뭇 사람이 보고 수군
거려 이르되 저가 죄인의 집에 유하러 들어갔도다 하더라. 삭개
오가 서서 주께 여짜오되 주여, 보시옵소서. 내 소유의 절반을 가
난한 자들에게 주겠사오며 만일 누구의 것을 속여 빼앗은 일이
있으면 네 갑절이나 갚겠나이다. 예수께서 이르시되 오늘 구원이
이 집에 이르렀으니 이 사람도 아브라함의 자손임이로다. 인자가
온 것은 잃어버린 자를 찾아 구원하려 함이니라(눅 19:5-10).

자기소개를 한 적도 없는데 예수님이 자신의 이름을 부르며
말을 거실 때 삭개오가 얼마나 놀랐을까요. 이 본문은 구원이 어
떤 과정을 통해 일어나는지를 생생하게 보여줍니다. 우선 앞서
삭개오 편에서 갈급한 마음으로 예수님을 찾는 행동이 있지만,
하나님이 삭개오를 찾아오시는 행동이 더 중요한 듯 보입니다.
예수님은 삭개오에게 내려오라고 하시며 그의 집에 머무르겠다
고 말씀하십니다. 예수님은 종종 '셀프 초청'을 함으로써 관계를
이어가는 모습을 보이십니다. 사실 삭개오가 먼저 예수님을 초
청할 수는 없었습니다. 경건한 유대인들이 세리의 집에 들어가
함께 식사를 하는 것은 상상조차 할 수 없는 일이었습니다.
자신의 집에 들어오시겠다는 예수님의 말에 삭개오가 "급히
내려와 즐거워하며 영접했습니다." 그것을 본 사람들이 하나같
이 수군거리며 비난합니다. 예수님은 "오늘 구원이 이 집에 이르

렀으니 이 사람도 아브라함의 자손임이로다"라고 선포하십니다. 이때 "영접"이라는 말과 "구원"이라는 말이 한 맥락에서 나오는 것에 주목할 필요가 있습니다. 여기서 구원은 무엇일까요? 지금 예수를 믿었으니 죽으면 천국 가게 될 것이라는 말일까요? 예수님은 "오늘" 구원이 이 집에 이르렀다고 하셨습니다. 여기서 말하는 구원은 미래의 어느 때에 일어날 일이 아니라, 바로 지금 예수님을 영접한 순간 일어나는 일을 말합니다. "이 사람도 아브라함의 자손임이로다"라는 말은 삭개오도 하나님의 백성이라는 말입니다. 구약성경은 구원을 "너희는 내 백성이 되겠고 나는 너희들의 하나님이 되리라"(렘 30:22)는 말로 설명합니다. 구원은 하나님의 백성, 하나님의 나라에 속한 백성이 되는 것입니다. 예수님이 처음으로 전파하신 말씀에 대하여 마가복음은 이렇게 전합니다.

> 요한이 잡힌 후 예수께서 갈릴리에 오셔서 하나님의 복음을 전파하여 이르시되 때가 찼고 하나님의 나라가 가까이 왔으니 회개하고 복음을 믿으라 하시더라(막 1:14-15).

예수님이 전하신 복음은 하나님 나라의 복음이었습니다. 회개하고 하나님 나라의 백성이 되라는 초청이었습니다. 구원이 삭개오의 집에 이르렀다는 것은 이 순간에 삭개오가 하나님의 통치를 받는 백성이 되었다는 말입니다. 하나님이 그분의 나라

가운데로 삭개오를 영접해 주신 것입니다. 여기서 구원의 중요한 측면이 확인됩니다. 우리가 예수님을 영접할 때 예수님이 우리를 영접해 주십니다. 하나님의 자녀 삼으시고 하나님 나라의 일원으로 받아들여 주시는 것입니다. 탕자가 아버지의 사랑을 받아들이는 것과 아버지가 탕자를 받아들이는 일이 동시에 일어나는 것과 같습니다. 삭개오가 예수님을 영접하는 순간, 예수님이 삭개오를 영접하셨습니다. 그래서 그가 아브라함의 자손 곧 하나님 나라의 백성이 된 것입니다. 그것이 구원입니다.

> 나는 포도나무요 너희는 가지라. 그가 내 안에, 내가 그 안에 거하면 사람이 열매를 많이 맺나니 나를 떠나서는 너희가 아무것도 할 수 없음이라(요 15:5).

"그가 내 안에, 내가 그 안에"라는 말은 예수님이 우리를 영접하시고 또 우리가 예수님을 영접한 결과를 보여주는 멋진 표현입니다. 내가 예수님을 영접했다는 면을 강조하는 사람들은 주로 '복음'이라는 말을 좋아합니다. 예수님이 그 나라 가운데로 우리를 영접하셨다는 면에 집중하는 사람들은 '하나님 나라'라는 표현을 자주 사용합니다. 이 둘은 같은 실체의 다른 면을 지칭하는 말입니다. 둘 중 보다 중요한 측면은 하나님 나라인데, 하나님이 나를 그 나라 가운데로 받아들이셔서 내가 그 나라의 백성이 되었다는 면이 구원의 큰 그림을 보여주기 때문입니다.

이 진리를 골로새서 말씀에서도 확인할 수 있습니다.

그가 우리를 흑암의 권세에서 건져내사 그의 사랑의 아들의 나라로 옮기셨으니 그 아들 안에서 속량 곧 죄 사함을 얻었도다(골 1:13-14).

우리가 예수님을 믿는 순간, 예수님이 흑암의 권세에 눌려 사는 우리를 하나님의 사랑의 아들의 나라로 옮겨 주셨습니다. 하나님의 나라가 복음이고 구원입니다. "속량"은 값을 주고 샀다는 말입니다. 영어로 표현하면 'redemption'인데, 한때 흥행했던 영화 「쇼생크 탈출」의 원제가 'Shawshank Redemption'입니다. 이 단어는 노예 시장에서 유례되었습니다. 누군가가 값을 치르고 노예를 사왔다는 의미입니다. 노예 입장에서는 주인이 바뀐 것입니다. 한때 이 개념을 노예를 사서 해방시킨 것으로 설명하기도 했는데 역사적 근거가 희박한 이야기입니다. 성경이 속량을 말할 때 그것은 자율적 해방이 아니라, 하나님께 속한 사람이 되는 것을 의미합니다. 탕자의 비유에서 탕자가 먼 나라에 가서 돼지가 먹는 쥐엄 열매로 배를 채우고자 해도 주는 사람이 없었을 때는 자유인의 상태였습니다(눅 15:16). 소속도 없고 맞아 주는 사람도 없고 보호해 주는 사람도 없는 상태입니다. 하지만 간섭하는 사람이 없다고 자유라 할 수 있을까요?

세계적인 미래학자 제러미 리프킨은 『유러피언 드림』이라는 책에서 현대 미국의 개인주의는 '자율'(autonomy)을 이상으로 삼고 부의 축적을 통해 자주적이고 독립적인 삶을 이룩하는 것을 목표로 하는 반면, 유럽에서 내려온 오랜 전통에서는 자유를 어딘가에 '소속되어 있음'(embeddedness) 곧 상호의존관계를 통해 보장받는다고 생각합니다. 더 많은 공동체에 소속될수록 충만하고 의미 있는 삶을 살 수 있는 선택권이 넓어진다는 것입니다.[3] 또한 정치 철학자 한나 아렌트는 『인간의 조건』이라는 책에서 현대인은 사생활(privacy)을 존중받는 것이 인간다운 삶의 조건이라 여기지만 고대 그리스인들은 정반대의 사고를 했다는 주장을 펼칩니다.[4] 사생활과 가장 가까운 헬라어 단어는 '이디오스'인데, 여기서 나온 말이 '이디오테스' 곧 '바보'(idiot)라는 말입니다. 현대인은 사생활을 보장받지 못하는 삶을 비참하다고 생각하지만, 고대 그리스인들은 공적 참여가 없는 삶이야말로 인간 이하의 삶이라 생각했습니다. 신약성경도 같은 생각을 공유하고 있으며, 함께하는 삶의 중요성을 더 강조하고 있습니다. 공적 생활을 말할 때 자주 쓰이는 참여와 나눔이 성경에 나오는 '코이노니아'입니다. 앞에서 교회의 본질이 '사귐'이라고 했는데, 이 사귐이 코이노니아입니다. 인간 삶에 대한 중요한 통찰입니다. 사람은 소속이 있어야 자유로울 수 있습니다. 그런 의미에서 오늘의 세계에서 가장 불쌍한 사람은 바로 난민입니다.

영화 「쇼생크 탈출」에는 감옥 안에서 수십 년을 보낸 브룩스라는 인물이 등장합니다. 감옥생활에 길들여진 그가 어느 날 가

다시 만나는 교회

석방되어 세상에 나오게 되고, 혼자서 삶을 꾸려 보려고 노력하지만, 많은 것이 바뀌어 버린 사회에 다시 적응하는 것이 그에게 너무나 고달픈 현실로 다가옵니다. 그래서 다시 범죄를 저질러 감옥으로 돌아가려 하지만 그마저도 여의치 않습니다. 결국 브룩스는 어느 허름한 모텔방에서 자살하고 맙니다. 감옥에서 벗어나 자유를 찾은 사람이 오히려 갇혀 있던 시절을 그리워한다는 사실은 인간에게 소속과 친밀한 관계가 얼마나 중요한지를 새삼 깨닫게 합니다. 어디든 마음대로 갈 수 있지만 아무도 환영해 주는 이 없는 삶을 진정으로 자유로운 삶이라 할 수 있을까요? 가족, 직장, 친구 관계가 인간의 삶에 차지하는 비중이 얼마나 큰지 헤아려 볼 일입니다. 인간 삶에 대한 이런 통찰은 복음을 이해하는 데 큰 도움을 줍니다.

구원은 처음에는 믿는 것(believing)이지만, 반드시 소속의 변화(belonging)가 뒤따라옵니다. 내 마음에 예수님을 영접하는 것을 믿음이라 한다면, 그 순간 하나님이 나를 영접하시는 것을 소속의 변화라 할 수 있습니다. 우리가 천국 가는 것의 핵심은 착한 일을 얼마나 많이 했는지가 아닙니다. 자신의 노력으로 천국을 차지할 수 있는 사람은 아무도 없습니다. 내가 어느 소속인지가 중요합니다. 하나님께 속해 있으면 하나님 나라에 가는 것입니다. 지난 시간에 이것을 '화해'라는 말로 설명했습니다. 하나님과 화해하고 나면 하나님께 속한 사람이 됩니다. 어떤 나라에 전염병이 극심해지면 세계의 주요 나라들이 그곳으로 비행기를 보내 자국민을 본국으로 데려오는 것을 우리는 최근 전염병 사태를 통해 보았습니다. 한국 사람들은 한국이, 미국 사람들은 미국이 보호하겠다는 의지입니다. 그럴 힘이 없거나 의지가 없는 나라의 교민은 그대로 남겨질 것입니다. 여기서 결정적인 조건은 소속입니다. 착한지 안 착한지, 혹은 본국에 가서 얼마나 기여할 수 있는지 등의 개인 자격이 아니라 소속에 따라 결정됩니다. 같은 맥락에서, 구원은 내가 착해서 받는 것이 아니라 소속이 바뀌어서 받는 것입니다. 예수님은 "내가 세상에 속하지 아니함 같이 그들도 세상에 속하지 아니하였사옵나이다"(요 17:16)라고 말씀하십니다.

다시 삭개오 이야기로 돌아가서, 자신의 집에 들어오신 예수님께 삭개오가 말합니다. "주여, 보시옵소서. 내 소유의 절반을 가난한 자들에게 주겠사오며 만일 누구의 것을 속여 빼앗은 일이 있으면 네 갑절이나 갚겠나이다"(눅 19:8). 그다음에 나오는 "예수께서 이르시되 오늘 구원이 이 집에 이르렀으니"(눅 19:9)라는 말씀은, 삭개오가 그런 행동을 약속했기 때문에 예수님이 구원을 선포하시는 것이 아닙니다. 이미 예수님은 삭개오를 마음에 두셨고, 그 이름을 부르셨으며, 그의 집에 들어오셨습니다. 하나님 주도의 구원이 시작된 것입니다. 선행에 대한 삭개오의 약속은 그의 소속이 바뀌었음을 알려 주는 사건입니다. 지금까지 그는 흑암의 권세에 속한 사람으로 살았습니다. 세상의 말을 듣고 살았습니다. 그런데 예수님을 영접하는 순간 하나님의 나라로 옮겨지게 된 것입니다. 그러니 이제 하나님의 말씀을 따라 사는 것입니다. 세상 법대로 살던 사람이 하나님 나라의 법대로 사는 것입니다. 결국 자신의 소유를 가난한 자들에게 주겠다는 약속은 "이제 내가 하나님 나라에 속했으니 하나님의 법대로 살겠습니다"라는 고백입니다. 이 말을 통해 자신의 주인이 바뀌었음을 고백하는 것입니다.

여기서 삭개오가 예수님을 "주여"라고 부른 것은 의미심장합니다. 지금까지는 로마 황제가 삭개오의 삶의 주인이었지만, 이제 예수님을 '주님'이라 부르고 그 뜻대로 행합니다. '그동안 세상이 주인이고 내 욕심이 주인이었지만, 이제 하나님이 주인 되시기 때문에 하나님 뜻대로 살겠습니다'라는 선언입니다. 예수님은 "나더러 주여, 주여, 하는 자마다 다 천국에 들어갈 것이 아니요 다만 하늘에 계신 내 아버지의 뜻대로 행하는 자라야 들어가리라"고 말씀하셨습니다(마 7:21). 이것은 아버지의 뜻대로 완벽하게 행해야 한다는 의미가 아니라, 입술로는 "주여, 주여" 하면서도 예수님을 주님으로 모시고 순종하며 살겠다는 생각이 없는 사람들에 대한 책망이자 경고입니다. 그런 사람은 예수님을 진정으로 영접한 것이 아닙니다. 믿음은 예수님을 주님으로 영접하여 예수님의 주되심(Lordship)을 인정하며 살아가겠다는 고백입니다.

구원이란 무엇인가

'구원이란 무엇인가'라는 물음에 많은 사람들이 "예수 믿고 죽어서 천국 가는 것"이라고 대답합니다. 이것은 맞는 말이지만 충분한 말은 아닙니다. 구원을 그저 천국 가는 것이라고만 정의한다면 이 세상의 삶은 별 의미가 없어집니다. "이왕 천국 가는 인생, 착하게 살자"라는 이들도 있고, "순종해서 복 받고 살자"라는 이들도 있습니다. 이런 생각 속에서는 구원과 우리의 삶이 분리될 수밖에 없습니다.

구원의 핵심은 우리가 하나님의 자녀, 하나님 나라의 백성이 되는 것입니다. 다시 말해, 하나님 나라 백성으로서 이 땅 가운데서 그리스도의 주되심을 인정하며 하나님 뜻 가운데 하나님이 책임져 주시는 삶을 살아가는 것입니다. 이미 하나님의 백성이 되었고 그 하나님은 신실한 분이시니 우리를 영원히 책임지십니다. 이 믿음 안에는 죽으면 천국 가는 것이 당연히 포함됩니다. 사도 바울은 이 땅의 삶이 끝나면 주님의 품에 안길 것을 확신했습니다.

차라리 세상을 떠나서 그리스도와 함께 있는 것이 훨씬 더 좋은 일이라 그렇게 하고 싶으나(빌 1:23).

더 중요한 초점은 예수님이 친히 가르치신 기도에서처럼("나

다시 만나는 교회

라가 임하시오며") 하나님의 나라가 임하는 것입니다(마 6:10). 교부 터툴리아누스는 주기도문을 가리켜 "전체 복음의 진정한 요약"이라 했습니다. 제자들에게 가르쳐 주신 이 기도문에 기독교 신앙의 핵심이 들어 있다는 것입니다. 주기도문에 "우리가 죽어서 천국 가게 해주소서"라는 간구는 없습니다. 하나님 나라가 임하면 우리가 그분의 백성이 됩니다. 살아가는 동안에는 하나님과 동행하며, 죽으면 하나님 품에 안길 것입니다. "예수 믿고 죽어서 천국 간다"는 말은 맞습니다. 이 부분도 대단히 중요합니다. 그러나 복음의 핵심은 하나님 나라가 임하는 것입니다.

존재냐 관계냐

에리히 프롬의 대표작 가운데 『소유냐 존재냐』라는 책이 있습니다. 산업 시대 이래로 경제력이 눈부시게 성장했지만, 그 성장이 약속했던 행복은 더욱 멀어져 갔습니다. 그는 기술의 진보가 결국 인간의 퇴보를 가져온 현실을 지적하면서 "인간정신의 근본적 변화"를 요구합니다. 이 책에서 말하는 소유는 단지 물질적인 탐욕만을 의미하지 않습니다. 예를 들어, 지식의 추구에서 "보다 많이 아는 것"은 소유 양식이며 존재 양식은 "보다 깊이 아는 것"을 추구한다는 것입니다. 그는 종교생활 또한 소유 양식의 하나로 전락할 수 있다고 비판합니다.[5] 그런데 소유 양식에서 존재 양식으로 우리의 삶을 전환하기란 쉽지 않습니다.

사실 대부분의 철학과 사상과 종교가 존재의 중요성을 주장합니다. 인격을 수양하거나 도를 닦는 목적은 존재의 변화 (becoming)입니다. 내 존재를 잘 갈고 닦으면 도를 알게 되거나 스스로 자유를 누리거나 신의 사랑을 받을 것이라는 등 구체적인 표현은 다르지만 방향은 같습니다. 소유보다 존재가 중요하다는 지혜는 성경도 지지하는 바입니다. 그러나 성경에서는 더 깊은 질문을 합니다. 바로 '존재냐 관계냐'입니다. 로완 윌리엄스는 『인간이 된다는 것』에서 이렇게 말합니다.

> 나를 한 인격으로 만들어 주는 것은, 내가 다른 곳이 아니라 여기에 있고, 내 주변의 다른 관계가 아니라 이 관계 속에 있고, 이 부모의 자녀이고, 이 자녀들의 부모이고, x의 친구이고, y의 별로 친하지 않은 친구라는 어마어마한 사실입니다. 나는 관계의 그물망 중앙에, 선들이 교차하는 지점에 서 있습니다.……우리가 사람들이나 개인에게 인격적 존엄이나 가치를 부여하는 이유는, 우리 모두가 관계를 맺는 가운데 다른 사람의 실존 안에서 현존하거나 의미를 갖는다고 인식하기 때문입니다.[6]

인간이 존엄하다는 사실을 무엇을 근거로 말할 수 있을까요? 현대인은 기능적 사고에 오염되어 있기에 인간의 존엄을 실감하기가 쉽지 않습니다. 사람이 죽으면 나오는 보상금도 그가 살아서 일할 경우 벌어들일 수입에 근거해 산출됩니다. 이러한 관행

다시 만나는 교회

은 인간의 가치에 대한 우리의 생각에 영향을 끼칩니다. 그러나 우리가 누군가에 대해 "너무 그러지 마. 그래도 그 부모에게는 귀한 자식이야"라고 말할 때, 우리는 누군가의 사랑을 받는다는 사실이 그 사람의 존엄을 결정하는 중요한 잣대라는 인식을 드러냅니다. 누군가의 사랑을 받고, 누군가를 사랑하는 나, 내가 없으면 보고 싶어 하고 내가 힘들면 아파하는 이들이 있는 나이기에 우리는 자신을 존중하며 살 수 있습니다. 한 영혼을 천하보다 귀하게 여기시는 하나님을 알 때, 우리는 동료 인간들을 어떻게 대해야 하는지를 배울 수 있습니다. 내가 하나님의 사랑을 받는 존재라는 인식은 삶의 자세를 근본적으로 바꿉니다. 프레드라는 청년에게 보낸 헨리 나우웬의 편지는 우리가 매일 들어야 할 음성을 전해 줍니다.

프레드, 자네가 이 편지를 다 읽었을 때 정말 꼭 기억하길 바라는 한 마디가 있네. 지난 한 해 동안 내 마음 깊은 곳으로부터 그 특별한 단어가 서서히 떠올랐지. 바로 '사랑받는 자'라는 단어였네. 난 그 단어가 자네와 자네 친구들을 위해 내게 주어진 단어라고 확신하고 있네. 그리스도인이 된 이후로, 나사렛 예수의 세례 이야기에서 이 단어를 처음으로 알게 되었지.……"이는 내 사랑하는 자요"라는 이 말은 모든 인류를 향한 가장 깊은 진리를 표현하고 있다네.…… 프레드, 나의 유일한 소망은 자네의 존재 구석구석에서 이 말씀이 울려 퍼지게 되는 것이네.…… 그렇지,

그 목소리가 있었네. 위로부터, 내 안에서부터 들려오는 목소리.
부드럽게 속삭이기도 하고 크게 선포하기도 하는 목소리. "이는
내 사랑하는 자요 내 기뻐하는 자라." "니는 비열하고 아무런 가
치도 없는 사람이야"라고 외치는 목소리들로 가득한 세상에서
그 목소리를 듣는다는 것은 분명 쉬운 일이 아닐 걸세.[7]

　　그렇다면 인간은 존재가 먼저일까요, 관계가 먼저일까요? 우
리는 태어나서 아무것도 모르다가 서서히 관계에 대하여 의식하
기 시작합니다. 마치 존재에서 관계로 향하는 것처럼 보입니다.
그러나 아기가 엄마의 태 안에 있을 때 가장 초기의 수정란 상태
일 때가 있고, 그 이전에 엄마와 아빠가 있습니다. 아기가 태어나
기를 기대하는 할머니와 삼촌도 있습니다. 또한 교회에 처음 오
면 기도해 주고 유아세례를 베풀어 줄 목사도 있습니다. 인간은
이 사랑의 관계 속에서 태어나고 자라납니다.
　　시편은 "내 형질이 이루어지기 전에 주의 눈이 보셨으며 나
를 위하여 정한 날이 하루도 되기 전에 주의 책에 다 기록이 되
었나이다"(시 139:16)라고 말합니다. "형질이 이루어지기 전"은 인
간의 육체적 존재가 시작되기 전을 말합니다. 하나님은 예레미
야에게 "내가 너를 모태에 짓기 전에 너를 알았고"라고 말씀하시
고(렘 1:5), 바울은 "창세 전에 그리스도 안에서 우리를 택하사"라
고 말합니다(엡 1:4). 우리의 육체가 존재하기도 전에 하나님이 우
리를 먼저 아시고 선택하셨습니다. 다시 말해, 관계가 먼저이고

그 안에서 존재가 생겨납니다. 변화의 순서도 마찬가지입니다. 성경이 말하는 인간의 변화는 관계가 먼저 변하고 이어서 존재가 변하는 것입니다.

사랑은 관계의 모험이다

> 우리가 아직 죄인 되었을 때에 그리스도께서 우리를 위하여 죽으심으로 하나님께서 우리에 대한 자기의 사랑을 확증하셨느니라(롬 5:8).

죄인의 상태인 우리, 의로워지지 않았고 의롭게 되려는 마음조차 없는 우리를 위하여 하나님이 그리스도를 내어 주셨습니다. 하나님이 먼저 우리를 사랑하셨습니다. 파격적인 사랑을 베푸셨습니다.

그러한 맥락에서 하나님의 사랑은 관계의 모험입니다. 또한 모든 사랑은 모험입니다. 부모는 먼저 사랑하고, 더 많이 사랑하고, 더 나중까지 사랑합니다. 사랑한다는 이유 때문에 업신여김을 받기도 합니다. 남녀 간의 사랑도 마찬가지입니다. 사랑의 마음을 내비치는 것은 거절당할 위험을 안고 있습니다. 「노팅힐」은 할리우드 최고의 여배우와 작은 서점을 운영하는 평범한 남자의 로맨스를 그린 영화입니다. 세계적인 인기와 명성, 엄청난 재력을 가진 배우이지만 사랑 앞에서는 어쩔 수 없습니다. 이 여배우가 남자 앞에서 이렇게 고백합니다.

> 잊지 말아요. 난 그저 한 남자 앞에 서서 사랑을 구하는 한 여자
> 일 뿐이라는 걸.
> Don't forget—I'm also just a girl standing in front of a boy
> asking him to love her.

이 고백에서 'asking'은 간청입니다. 이 간청은 거절당할 수
있습니다. 거절당할 수 있는 약한 위치에 자신을 세우는 것이 사
랑입니다. 요한복음은 먼저 사랑의 손을 내밀었다가 거절당하신
예수님의 모습을 그리고 있습니다.

> 그가 세상에 계셨으며 세상은 그로 말미암아 지은 바 되었으되
> 세상이 그를 알지 못하였고 자기 땅에 오매 자기 백성이 영접하
> 지 아니하였으나 영접하는 자 곧 그 이름을 믿는 자들에게는 하
> 나님의 자녀가 되는 권세를 주셨으니(요 1:10-12).

우리의 사랑을 확보할 수 있다는 보장 없이 짝사랑의 모험
을 감행하신 것입니다. 팀 켈러는 하나님 사랑의 이런 무모함을
가리켜 "탕부 하나님"(The Prodigal God)이라는 말로 표현했습니다.[8]
사실 성경에서 'prodigal'이라는 말은 '탕자의 비유' 이야기에서
허랑방탕한 생활을 했던 둘째 아들을 수식하는 표현입니다. 사

랑이라는 고귀한 자원을 가치 없는 이에게 아낌없이 베푼다는 면에서 하나님은 낭비벽이 심한 탕부일 수 있다는 역설적 발상입니다. 하나님의 사랑을 아낌없이 주시기도 했지만 먼저 주셨다는 면에서 무모한 모험이 아닐 수 없습니다. 이 사랑을 받아들인 이에게는 그 사랑이 열매를 맺습니다.

하나님은 우리에게 먼저 다가오셔서 사랑한다고 말씀하십니다. 그 사랑을 받아들이면 사랑의 관계가 시작됩니다. 성경은 우리를 그리스도의 신부라 하기도 하고, 하나님의 자녀라 하기도 합니다. 이런 말들로 전하고자 하는 핵심 진리는 사랑의 관계입니다. 그러고 나서 서서히 존재가 변해가는 것, 그 사랑 때문에 철부지 소녀가 어엿한 아가씨가 되어가는 것이 신앙입니다.

미국의 저명한 상담심리학자인 래리 크랩이 상담과 치료로 오랜 세월을 보낸 후에 이런 말을 했습니다. 미국의 많은 그리스도인들이 신앙적으로 충분히 해결할 수 있는 문제인데도 정신적인 문제가 있을 때마다 너무 쉽게 상담가와 의사를 찾는다는 것입니다. 결론적으로 그는, 사람은 건강한 믿음의 공동체 안에서 가장 아름답게 회복될 수 있다고 말합니다. 물론 전문적인 상담가의 치료를 받아야 할 때가 있습니다. 어떤 증상에는 약을 먹는 것도 필요합니다. 그러나 치료를 받고 약을 먹는 것은 기본적인 치료일 뿐입니다. 하나님이 우리에게 본래 의도하신 아름다운 모습을 회복하고 멋진 삶을 사는 데는 믿음의 **공동체**가 필수적입니다.

그리스도인 가운데 다음과 같은 경험을 고백하는 예가 많습니다. 어떤 청년이 결혼 문제로 고민을 합니다. 사람을 잘 사귀다가도 어느 단계가 되면 관계가 진척되지 않습니다. 어릴 때 아버지에 대한 부정적인 기억, 부모의 불행한 결혼생활이 심어 준 선입견이 마음 깊이 자리 잡아 뒤로 물러서는 것입니다. 저는 이와 같은 고민을 안고 있는 청년이 교회에 나와 신앙생활을 하면서 하나님의 은혜를 깨닫고, 교회 안에서 사랑의 교제를 나누며 아름답게 치유되는 모습을 많이 보았습니다.

그리스도의 사랑 그리고 믿음의 공동체가 사람을 변화시킵니다. 성경의 말씀이 문자에 머무르지 않고 공동체를 통해서 살아 움직이는 것입니다. 그래서 교회를 그리스도의 몸이라 고백할 수 있는 것입니다. 성경을 해설해 놓은 책을 주석이라고 하는데, 최고의 주석은 바로 하나님의 교회입니다. 말씀을 읽다 보면 '이게 무슨 말이지. 맞는 말이지만 정말 그럴까' 하다가도, '아, 저 사람을 보니 성경말씀이 참인 것을 알겠구나' 하는 경험이 생깁니다. 말씀은 삶에서 해석됩니다.

○

이제 두 번째 강의를 마무리하겠습니다. 지난 시간에 살펴보았듯이 태초에 관계가 있었습니다. 그런데 인간이 죄로 인해 타락했습니다. 타락이 관계가 깨어지는 것을 의미한다면, 구원은 관계가 회복되는 것입니다. 이때 내가 착해서 구원받는 것이 아니라, 하나님이 나에게 베푸신 사랑을 받아들임으로 구원받는 것입니다. 그와 같이 내가 예수님을 영접할 때 예수님이 그분의 나라 가운데로 나를 영접해 주십니다. 그래서 믿는 것은 소속이 바뀌는 것입니다. 그리고 이 관계의 변화에 이어서 서서히 다른 사람이 되어갑니다.

오늘은 믿음이 어떻게 소속의 변화, 존재의 변화로 연결되는지에 관해 살펴보았습니다(존재의 변화에 대해서는 4강에서 구체적으로 살펴보겠습니다). 이 전체를 관통하는 핵심은 관계—하나님과의 관계와 성도 간의 관계—입니다. 신앙생활은 절대로 혼자 할 수 없습니다. 스위스의 신실한 정신의학자 폴 투르니에의 말로 이번 강의를 마칩니다. "세상에 혼자서 할 수 없는 것이 두 가지 있다. 하나는 결혼이고, 또 하나는 그리스도인으로 사는 것이다."[9]

1. 사랑은 어렵다

· 하나님이 먼저 인간인 우리를 목숨 바쳐 사랑하셨다.

· 인간에게 가장 소중한 것이 사랑지만 실제로 사랑하기는 힘들고 어렵다.

· 하나님은 사랑할 능력이 인간에게 없기 때문에 우리에게 사랑을 요구하지 않으시고 그 대신 믿음을 요구하신다. 사랑이 가장 중요하지만 시작은 믿음으로 해야 한다.

2. 믿음이란 무엇인가

· 믿음은 사랑의 관계 안에서 생기고 자란다.

· 믿음이란 지적인 동의나 의지적 결단의 차원을 넘어 '영접'하는 것이다. 다시 말해, 내가 하나님으로부터 '완전히 받아들여졌다는 사실을 완전히 받아들이는 것'이다.

3. 영접할 때 무슨 일이 일어나는가

· 삭개오 이야기는 구원이 미래의 어느 때가 아니라 예수님을 주님으로 영접한 '순간' 일어남을 알려 준다(눅 19:9).

· 예수님이 전하신 복음은 '하나님 나라 복음'이며, 회개하고 하나님 나라의 백성이 되라는 초성이다(막 1:14-15).

· 성경이 '속량'을 말할 때 그것은 자율적 해방이 아니라, 하나님께 속한 사람이 되는 것을 의미한다.

· 믿음(believing)은 반드시 소속(belonging)의 변화로 이어지는데, 내 마음에 예수님을 영접하는 것이 믿음이라면, 그 순간 하나님이 나를 영접하시는 것이 소속의 변화다.

· 믿음은 또한 예수님의 주되심(Lordship)을 인정하며 살아가겠다는 고백이다.

4. 구원이란 무엇인가

· 구원은 단지 '예수 믿고 죽어서 천국 가는 것'이 아니다. 구원의 핵심은 우리가 하나님의 자녀, 하나님 나라의 백성이 되는 것이다.

· 하나님 나라가 임하면 우리가 그분의 백성이 되어, 살아가는 동안에는 하나님과 동행하고 죽으면 하나님 품에 안기게 된다.

5. 존재냐 관계냐

· 성경은 소유보다 존재가 중요하다는 지혜를 넘어 '존재냐 관계냐'를 묻는다.

· "나는 누군가의 사랑을 받는다는 존재다"라는 인식은 그 사람의 존엄을 결정하는 중요한 잣대가 된다.

· 성경이 말하는 인간의 변화는 관계가 먼저 변하고(belonging), 이어서 존재가 변하는 것이다(becoming).

6. 사랑은 관계의 모험이다

· 하나님의 사랑은 관계의 모험이다. 또한 모든 사랑은 모험이다.

· 하나님의 사랑을 받아들이면 사랑의 관계가 시작되고, 그러고 나서 서서히 다른 사람이 되어간다.

· 하나님이 우리에게 본래 의도하신 아름다운 모습을 회복하고 멋진 삶을 살기 위해서는 그리스도의 사랑과 더불어 믿음의 공동체가 필요하다.

나눔을 위한 질문

1. 요한복음 3:16 말씀을 함께 외우고 암송해 봅시다. "이는 그를 믿는 자마다"라는 말씀을 보면서 하나님이 우리에게 사랑을 요구하지 않으시고 믿음을 요구하신 이유에 대하여 나누어 봅시다(52-55쪽 참조).

2. 성경이 말하는 믿음은 무엇입니까? 요한복음 1:12과 삭개오 이야기를 중심으로 설명해 봅시다(57, 60-62쪽 참조).

3. 예수님이 삭개오에게 하신 "오늘 구원이 이 집에 이르렀으니 이 사람도 아브라함의 자손임이로다"라는 말씀을 통해 구원은 "예수 믿고 죽어서 천국 가는 것"이라는 미래의 약속뿐 아니라, 예수님을 영접한 순간 하나님의 백성으로 받아 주시는 것임을 살펴보았습니다(61쪽 참조). 삭개오가 하나님 나라의 백성으로서 예수님의 주되심을 어떻게 고백했습니까?(67쪽 참조) 나는 내 삶에서 어떤 모습으로 그리스도의 주되심을 인정하며 살기를 원합니까?

4. 오늘 강의는 '자유'에 대한 내 생각에 어떤 도전을 주었습니까? 어디든 갈 수 있지만 아무도 환영해 주지 않는 사람을 자유롭다 할 수 있을까요? 성경이 말하는 자유는 무엇입니까?(63-65쪽 참조) 자유를 누리고 키워가는 데 교회 공동체는 매우 소중합니다. 오늘까지 강의를 들으면서 교회에 대해 생각이 바뀐 점, 교회를 통해 나에게 일어났으면 하는 변화가 있다면 나누어 봅시다.

5. 주기도문으로 함께 기도해 봅시다. 예수님이 가르쳐 주신 기도에 우리 신앙의 핵심이 있다면 우리는 어떻게 기도해야 합니까?(68-69쪽 참조)

6. 위에서 나눈 것을 토대로 이번 한 주 동안 기도할 내용을 한두 가지 적어 봅시다. 소그룹 안에서 기도제목을 나누고 서로의 기도제목을 적어 봅시다.

과제

1. 서로를 위해 기도하는 것은 사귐의 좋은 출발입니다. 모임 때 적은 기도제목을 가지고 다음 시간까지 함께 기도해 봅시다.

2. 다음 주 모임까지 「아이 엠 샘」이라는 영화를 감상하시기 바랍니다.

세 번째 만남

하나됨 —
화해의 완성은 하나됨이다

우리말 가운데 외국어로 옮기기에 상당히 까다로운 표현들이 있는데, 그중 하나가 "잘 먹고 잘 살아라!"는 말입니다. 문자적인 의미는 매우 좋습니다. 잘 먹고 잘 사는 것은 좋은 일이지요. 그런데 왜 우리는 그 말을 듣고 나면 기분이 나쁠까요? 그것은 바로 관계를 끊는 말이기 때문입니다. 가령 어떤 사람이 가까운 친구가 어려울 때 긴밀하게 의논하며 도와주다가도, 민감한 일로 관계가 힘들어지고 한계 상황까지 이르면 "잘 먹고 잘 살아라!" 하고 돌아섭니다. 앞으로 무슨 일이 있어도 상대하지 않겠다는 말입니다. 문자적으로는 복일 수 있는 말이 독설이 되어 버린 것입니다. 조금 덜 먹고 조금 더 힘들더라도 관계가 행복한 사람이 행복한 사람입니다.

'태초에 관계가 있었다. 타락은 관계의 깨어짐이며 구원은 관계의 회복이다.' 첫 시간부터 줄곧 강조해 온 말입니다. 하나님과 인간의 관계가 회복되는 것이 구원입니다. 구원은 죄의 온갖 결과로부터의 구원도 포함합니다. 창세기에서 아담이 죄를 짓고 "내가 벗었으므로 두려워하여 숨었나이다"(창 3:10)라고 말합니다. 과도한 수치심과 왜곡된 두려움은 죄의 결과입니다. 아벨을 죽이고 난 가인은 에덴 동산에서 쫓겨나면서 "나를 만나는 자마다 나를 죽이겠나이다"(창 4:14)라고 말했습니다. 자신이 살인자인 것을 알고서 미워하고 죽이려는 사람이 있을 것이라는 게 아니라, 만나는 자마다 자신을 죽이려 할 것이라는 건 분명 과장된 두려움입니다. 또 죄는 우리의 지성을 아둔하게 하고, 감성을 무디게 하며, 의지를 박약하게 만듭니다. 현대인을 괴롭히는 중독 역시 죄로 인해 망가진 인간의 의지가 근본 원인입니다. 하나님의 구원은 죄의 가장 심각한 결과인 사망뿐 아니라 이 모든 질곡으로부터 회복시키는 것입니다. 그 회복 중에서 가장 소중한 것은 관계입니다. 인간의 다른 부분들도 회복되어야 하지만 관계 회복이 먼저라는 사실을 앞에서 말씀드렸습니다. 먼저 하나님이 우리를 사랑하시고, 그 사랑의 관계를 통해 우리의 존재를 변화시키시는 것입니다.

이번 시간에는 교회의 가장 중요한 가치인 하나됨에 관하여 살펴보겠습니다.

이 예수를 하나님이 그의 피로써 믿음으로 말미암는 화목제물로 세우셨으니 이는 하나님께서 길이 참으시는 중에 전에 지은 죄를 간과하심으로 자기의 의로우심을 나타내려 하심이니(롬 3:25).

하나님은 예수님을 하나님과 우리가 화목할 수 있는 화목제물로 세우셨습니다. 화해는 말씀이 육신이 되신 분, 바로 예수님이 우리의 삶 가운데 오심으로 시작합니다. 이것을 일컬어 '성육신'(incarnation)이라 하는데, 우리에게 익숙한 표현으로 **참여**(participation)라 할 수 있습니다. 그리스도의 사역은 하나님이 우리 인간의 삶 가운데 내려오셔서 참여하시는 것으로 시작되었습니다. '우리 밖에서'(extra nos)와 '우리를 위하여'(pro nobis)는 기독교 신학에서 중요한 어구입니다. 인간이 스스로 하나님께 이를 수 없기에 하나님이 우리에게 오신 것입니다.

하늘을 나는 자동차는 오랜 세월 인류의 꿈이었습니다. 이미 우리는 영화에서 주인공이 도로를 달리다가 하늘로 부상하는 장면에 익숙합니다. 이 꿈을 실현하기 위해 일본의 닛산자동차는 엄청난 투자를 했습니다. 그러나 이 꿈에 근접한 답을 먼저 내놓은 것은 미국 보스턴에 있는 한 작은 벤처회사였습니다. 이 회사가 하늘을 나는 자동차 개발에 성공하게 된 배경에는 발상의 전환이 있습니다. 그동안 다른 회사들은 플라잉카 개발을 위해 자동차를 가져다 놓고 그것이 어떻게 하늘을 날 수 있을지 연구했는데, 이 회사는 조그마한 비행기를 가져다 놓고 그것이 어떻게 시내 도로 위를 달릴 수 있을지 연구했다고 합니다. 날개를 접어 차선 안에 들어가도록 만들고, 일반 자동차처럼 시내 주유소에서 기름도 넣고 교외 주택 차고에도 들어갈 수 있도록 만든 것입니다. 비록 마지막 상용화 단계에서 어려움을 겪기는 했지만 이 프로젝트가 거의 성공했다는 사실은 우리에게 중요한 통찰을 제공합니다. 자동차를 날게 하기는 굉장히 어렵지만 비행기를 땅위에 다니게 하기는 쉽고, 인간이 신이 되기는 어렵지만 신이 인간이 되는 것은 가능하다는 사실입니다.

세상의 많은 종교들은 저 위에 있는 신에게 이르고자 도를 닦거나 선행을 쌓거나 수행을 합니다. 아래에서 위로 가려는 노력입니다. 그러나 기독교 복음은 그 출발 자체가 다릅니다. 하나님이 위에서 아래로 내려오시는 것입니다. 그것은 곧 겸손입니다. 성탄절을 맞이하면 여기저기서 예수님이 겸손하시기 때문에 마구간에서 탄생하셨다고 전하곤 합니다. 그러나 예수님이 당시 로마 황제의 아들로 이 땅에 오셨다고 해도 겸손하신 것입니다. 하나님이신 예수님이 하나님 되심을 포기하고 인간의 모습으로 오셨기 때문입니다. 하나님과 사람의 차이를 생각하면 로마 황태자와 마구간 소년의 차이는 그리 큰 것이 아닙니다. 신분에 관계없이 하나님이 인간이 되신 것은 파격적으로 자신을 낮추신 것입니다.

예수님은 왜 자신을 낮추셨을까요? 우리를 구원하고 우리와 화해하기 위해서입니다. 동양의 통치 사상 가운데 '위민'(爲民)이라는 사상이 있습니다. '백성을 위한다'는 것입니다. 그러나 이 사상은 위에 있는 사람이 자신의 입장에서 백성을 위하는 것으로, 통치자와 백성의 차이를 극복하기 힘들다는 한계를 안고 있습니다. 그 한계를 아는 사람은 '백성과 더불어'라는 의미의 '여민'(與民)이 답이라고 말합니다. 예수님의 탄생은 하나님의 여민입니다. 고대인들은 신의 영역과 인간의 영역을 분리하는 사고에 익숙합니다. 예수님은 신의 영역에서 인간의 영역으로 참여하셨습니다. 그래서 기독교는 고립과 은둔보다는 참여라는 방향으로 움직입니다. 교회는 처음부터 지금까지 한결같이 세상 한복판에 존속해 왔습니다. 예수님 또한 떠들썩하고 어수선한 삶의 현장으로 찾아오셨습니다. 사도 바울도 도시의 시끌벅적대는 장터에 기거하며 전도했습니다. 이것은 참여라고 하는 기독교의 방향이 공간적 측면에서 그대로 나타남을 보여줍니다.

예수님은 부모와 이웃의 호의가 없으면 살아갈 수 없는 연약한 모습으로 우리 가운데 오셨습니다. 우물가의 한 여인에게 다가와 물을 달라고 요청하는 목마른 나그네의 모습입니다(요 4:5-14). 세상의 신은 상처 받을 가능성이 없는 영역에 머무르며 풍요한 자원으로 인간에게 시혜를 베푸는 존재로 규정됩니다. 그러나 예수님은 환대와 돌봄이 필요한 연약한 모습으로 우리 가운데 계십니다.

화해의 완성, 하나됨

기독교의 복음에서 화해는 하나님의 참여로 시작되었습니다. 이 화해의 완성은 하나됨입니다. 요한복음 17장에는 예수님이 십자가에 달려 돌아가시기 전에 이 땅에 남겨진 제자들과 그리스도인들을 위해 드린 간절한 기도가 나옵니다. 세상을 떠날 부모가 남겨질 자녀들을 위해 드린 기도라면, 그 자녀들에 대한 가장 간절한 소망이 담겨 있지 않겠습니까?

> 나는 세상에 더 있지 아니하오나 그들은 세상에 있사옵고 나는 아버지께로 가옵나니 거룩하신 아버지여, 내게 주신 아버지의 이름으로 그들을 보전하사 우리와 같이 그들도 하나가 되게 하옵소서.……아버지여, 아버지께서 내 안에, 내가 아버지 안에 있는 것같이 그들도 다 하나가 되어 우리 안에 있게 하사 세상으로 아버지께서 나를 보내신 것을 믿게 하옵소서.……내가 그들 안에 있고 아버지께서 내 안에 계시어 그들로 온전함을 이루어 하나가 되게 하려 함은 아버지께서 나를 보내신 것과 또 나를 사랑하심 같이 그들도 사랑하신 것을 세상으로 알게 하려 함이로소이다(요 17:11, 21, 23).

이 기도에서 가장 간절한 바람은 하나됨으로 모아지고 있습니다. 이 하나됨은 삼위일체 하나님이 서로 사랑하시는 그 사랑

속으로 우리를 초대하시는 것입니다. 또한 그리스도께 속한 믿음의 공동체가 서로 사랑하는 모습을 통해 세상이 예수님을 믿고 하나님을 알게 됩니다. 다시 말해, 교회 안에서 서로 사랑하는 것이 선교의 출발입니다. 사귐과 선교는 하나입니다.

> 내가 명하는 이 일에 너희를 칭찬하지 아니하나니 이는 너희의 모임이 유익이 못 되고 도리어 해로움이라. 먼저 너희가 교회에 모일 때에 너희 중에 분쟁이 있다 함을 듣고 어느 정도 믿거니와 (고전 11:17-18).

이 말씀은 우리에게 충격으로 다가옵니다. 교회에 모이는 것이 유익이 되어야 하는데, 분쟁이 있을 경우 오히려 해로울 수 있다는 말입니다. 사도 바울은 "평안의 매는 줄로 성령이 하나되게 하신 것을 힘써 지키라"고 말합니다(엡 4:3). 하나되는 데 가능한 모든 노력을 기울이라는 말입니다. 하나님 보시기에 좋은 교회는 그리스도의 사랑으로 서로 사랑하는 교회입니다. 어떤 사업이나 행사를 잘한다고 해도 하나되지 못한다면 좋은 교회라 할 수 없습니다. 하나됨은 교회의 최고 가치입니다.

교회의 두 가지 성례

성례(sacrament)는 교회의 중심이 되는 거룩한 예식입니다. 로

마 가톨릭에는 일곱 가지 성례가 있는데 세례, 성찬, 고해, 혼인, 사제 서품 등이 여기에 포함됩니다. 그러나 개신교에서는 세례와 성찬만 성례로 인정합니다. 다른 성례도 중요한 예식이지만 교회의 중심이 되는 거룩한 예식은 오직 세례와 성찬이라는 것입니다.[1] 두 성례의 의미를 이해하는 것은 교회가 무엇인지를 이해하는 데 많은 도움이 됩니다. 세례와 성찬에는 앞에서 살펴본 '하나됨'이 중심을 차지하고 있습니다.

> 너희가 세례로 그리스도와 함께 장사되고 또 죽은 자들 가운데서 그를 일으키신 하나님의 역사를 믿음으로 말미암아 그 안에서 함께 일으키심을 받았느니라(골 2:12).

여기서 **세례**의 의미는 그리스도와 함께 장사되고 함께 일으키심을 받는 것이라는 사실을 분명히 알 수 있습니다. 보통 세례는 머리에 물을 부어 받거나 물속에 온몸을 담그는 침례로 받는데, 물속으로 완전히 들어가는 것은 땅속에 묻히는 것 곧 죽음을 상징합니다. 그리고 다시 올라오는 것은 그리스도와 함께 일으킴을 받는 것을 나타냅니다. '일으키다'는 하나님이 예수님을 다시 살리셨다고 할 때 신약성경이 사용하는 전문어입니다. 세례받는 사람이 그리스도와 함께 죽어 장사되고 함께 부활할 것이라는 상징이 세례에 담겨 있습니다. 세례에는 그리스도의 부활을 미리 앞당겨서 삶 속에서 실현한다는 의미가 있습니다. 옛 자아가 완전히 죽고 그리스도와 함께 새로운 생명을 시작하는 것입니다.

세례의 핵심 개념은 하나됨입니다. 우리는 같은 학교에서 공부한 이를 동문이라 하고, 핏줄을 나눈 이를 가족이라 하며, 오랜 시간 함께 삶을 나눈 이를 친구라 하고, 뜻을 같이하는 이를 동지라 합니다. 그러나 어떤 관계도 함께 죽지는 못합니다. 가끔 함께 자살한 연인 이야기가 신문에 등장하지만, 그것은 엄밀히 말해서 동시에 죽은 것이지 같이 죽은 것은 아닙니다. 죽음을 넘어서까지 함께 갈 수 있는 관계는 없습니다. 그래서 우리가 결혼할 때 "죽음이 우리를 갈라놓을 때까지"라고 약속하는 것입니다. 이것이 인간이 할 수 있는 최고의 약속입니다. 그러나 하나님이 세례를 통해 우리에게 보여주시는 것은 그리스도와 우리가 함께 죽었고, 그뿐 아니라 함께 산다는 것입니다. 세례의 의미를 간단히 말하면 '모의 장례식'이라 할 수 있습니다. 그러나 곧이어 물 속에서 올라오기 때문에 '새로운 탄생의 축하'라고도 할 수 있습니다. 그리스도와 함께 죽고 함께 살았기 때문에 '하나됨의 축하'입니다.

이 하나됨은 그리스도와 하나되는 것뿐 아니라 그리스도인이 서로 하나가 되는 것도 포함합니다. 세례는 우리가 교회라는 가족에 속하게 되었음을 보여줍니다. 이 교회는 보편교회(the universal church)를 말합니다. 우리가 무슨 교회라고 간판을 붙인 교회는 모두 지역교회(local church)입니다. 그러나 본질적으로 모든 교회는 하나의 교회입니다. 장로교, 감리교, 성결교 등 교파의 구분 없이 참 교회는 하나입니다. 이 땅에 있는 모든 그리스도인뿐 아니라, 이미 생을 마치고 천국에 가 있는 성도들까지 합쳐서 하나밖에 없는 교회이기 때문에 보편교회라고 말합니다. 이 큰 가족의 일원이 되는 것이 세례 예식입니다.

사도 바울은 "무릇 그리스도 예수와 합하여 세례를 받은 우리는 그의 죽으심과 합하여 세례를 받은 줄을 알지 못하느냐"(롬 6:3)고 말합니다. "그리스도 예수와 합하여 세례를 받은"이라는 말은 문자적으로 "그리스도 예수 안으로 세례를 받은"(baptized into Christ)입니다. "나는 어느 가정에서 태어났다"고 할 때 영어로 "I was born to a family"라고 표현합니다. 태어나고 나서 어떤 과정을 거쳐 가족의 일원이 되는 것이 아니라, 탄생 자체가 곧 가족에 속하는 일입니다. 그와 마찬가지로, 우리가 그리스도인이 되는 것은 그리스도에게 속하는(belong) 사건입니다. 구약에서 구원은 하나님의 백성, 하나님의 나라에 속한 백성이 되는 것이었습니다. 이제 그 자리를 그리스도가 대신하십니다. 따라서 그리스도께 속한다는 것과 하나님의 백성 곧 '교회'에 속한다는 것은 같은 말입니다.

그러므로 이제부터 너희는 외인도 아니요 나그네도 아니요 오직 성도들과 동일한 시민이요 하나님의 권속이라(엡 2:19).

우리는 하나님의 백성이 되었고, 예수님 때문에 하나님의 "권속" 곧 가족이 되었습니다. 세례는 이제부터 깨끗이 살겠다는 결단이 중심이 아닙니다. 내가 예수님과 하나가 되었음을 보여주는 성례가 세례입니다. 우리가 세례 예식으로 구원받는 것은 아닙니다. 요한복음은 "영접하는 자 곧 이름을 믿는 자들에게는 하나님의 자녀가 되는 권세를 주셨으니"(요 1:12)라고 말합니다. 우리가 그리스도를 영접하는 그 순간 구원받습니다. 그러나 우리의 신앙을 공적으로 고백하고 세례를 받음으로 교회의 일원이 되는 것은 중요합니다. 그리스도와 하나가 되었을 뿐 아니라 교회를 통해 하나님의 가족의 일원이 되었다는 사실을 우리는 세례를 통해 확인받습니다.

세례의 구체적인 자격과 절차는 교회마다 다릅니다. 세례를 받으려면 충분한 준비와 결단이 있어야 한다는 생각에서 '학습'이라는 예비 단계를 두는가 하면, 성경에 나오는 세례가 믿음을 고백하는 즉시 베푸는 것이었다는 점을 감안하여(행 2:41, 8:38, 10:47, 16:33) 빠른 시간 내에 세례를 받게 하는 경우도 있습니다. 물론 후자의 경우에도 세례 이후 신앙 성장을 위한 교육과 헌신을 전제로 한다는 점을 명심해야 합니다. 교육을 받고 세례를 받느냐, 세례를 받고 이어서 자신의 성장을 위해서 노력하느냐의 차이이지, 교육과 성장의 필요를 부정하는 것은 아닙니다.

세례 받을 준비가 되면 당회와 같은 교회의 공적 기관에서 문답을 하고 공예배에서 다시 문답을 거쳐 세례 예식을 행하게 됩니다. 신앙은 하나님과의 관계뿐 아니라 공적으로 신앙을 고백하고 공적 교회의 일원, 하나님의 가족이 되는 것이기 때문에 공적 고백과 예식과 선언이 중요합니다. 남녀가 서로 사랑해서 함께 살기를 원할 때 공적 예식인 결혼식을 거쳐야 하는 것과 비슷합니다. 아이의 탄생이나 결혼이 축하받을 일인 것처럼, 영적 탄생을 축하하는 세례는 기쁜 일입니다. 주위에 알리고 축복의 순간에 초청하여 기쁨을 함께 나누는 것이 좋습니다.

유아세례와 관련해서는, 세례는 본인이 믿음을 고백하고 받는 것이 좋다는 의미에서 유아세례를 거부하는 교단이 있는가 하면, 장로교회는 개인의 결단 뒤에 있는 하나님의 선택을 더욱 중요하게 여겨서 유아세례를 인정합니다. 구약의 성도들 중 남자아이들은 태어난 지 팔 일 만에 할례를 받았습니다. 예수님도 이 할례 예식에 참여하셨습니다(눅 2:21). 다음은 예수님의 말씀입니다.

> 너희가 나를 택한 것이 아니요 내가 너희를 택하여 세웠나니 이는 너희로 가서 열매를 맺게 하고 또 너희 열매가 항상 있게 하여 내 이름으로 아버지께 무엇을 구하든지 다 받게 하려 함이라 (요 15:16).

우리가 고민하고 결정해서 예수님을 믿은 것 같지만, 그 뒤에는 나를 선택하시고 내 인생에 다가오신 하나님의 사랑이 있었습니다. 이런 점에서 유아세례는 소중합니다. 그러나 두 가지 유념할 대목이 있습니다. 첫째, 부모를 통한 자녀의 선택을 고백하는 것이기 때문에 부모에게 분명한 신앙의 고백이 있어야 합니다. 또한 자녀를 믿음으로 키우겠다는 헌신이 전제되어야 합니다. 둘째, 유아세례를 행하지 않는 다른 교단들도 강조점이 다를 뿐이지 성경의 원리에 기초하고 있다는 점을 인정해야 합니다.

다음으로 **성찬**에 관해 살펴보겠습니다. 사도 바울은 성찬을 이렇게 소개합니다.

> 내가 너희에게 전한 것은 주께 받은 것이니 곧 주 예수께서 잡히시는 밤에 떡을 가지사 축사하시고 떼어 이르시되 이것은 너희를 위하는 내 몸이니 이것을 행하여 나를 기념하라 하시고 식후에 또한 그와 같이 잔을 가지시고 이르시되 이 잔은 내 피로 세운 새 언약이니 이것을 행하여 마실 때마다 나를 기념하라 하셨으니 너희가 이 떡을 먹으며 이 잔을 마실 때마다 주의 죽으심을 그가 오실 때 까지 전하는 것이니라(고전 11:23-26).

성찬에 참여할 때 우리는 예수 그리스도의 몸과 피에 참여함으로써 그리스도의 구속의 은총으로 그분과 하나됩니다. 우리의 죄를 이미 사하셨음을 확신하고 영생의 소망을 새롭게 합니다. 함께 떡과 잔에 참여하는 교회 가족, 그리스도의 이름으로 모이는 모든 그리스도인이 한 가족임을 고백합니다. 또한 복음의 증인으로 살아갈 수 있는 은총을 받습니다.

첫 시간에 교회의 두 본질은 사귐과 선교라고 했습니다. 성찬은 이 사귐과 선교의 의미가 완벽하게 담겨 있는 예식입니다.

우리가 축복하는 바 축복의 잔은 그리스도의 피에 참여함이 아니며 우리가 떼는 떡은 그리스도의 몸에 참여함이 아니냐(고전 10:16).

여기서 "참여"는 '코이노니아'라는 헬라어를 번역한 것으로, 코이노니아는 문맥에 따라 사귐, 나눔, 참여 등으로 번역할 수 있습니다. 사귐과 참여가 같은 말이라는 사실은 우리에게 중요한 통찰을 제공합니다. 즉 사귐은 서로의 삶에 참여하는 것입니다. 교회에서 축도할 때 "성령의 교통하심이"(고후 13:13)라는 표현이 들어가는데, 여기서의 "교통"도 코이노니아입니다.

기독교는 출발부터 성찬이 중심 성례였기 때문에 기독교는 처음부터 참여의 DNA를 가지고 있었다고 할 수 있습니다. 성찬에 참여할 때 떡을 먹고 포도주를 마시면 그 음식과 음료는 내 몸에 들어가서 나와 구별할 수 없는 관계, 떼려야 뗄 수 없는 관계가 됩니다. 주님이 내 안에, 내가 주님 안에(요 15:5) 있다는 강력한 상징입니다. 이 사귐에서 "주의 죽으심을 그가 오실 때까지 전하는"(고전 11:26) 선교가 가능해집니다.

외국의 주요 교단들은 세례 받은 어린이 또한 성찬에 참여할 수 있도록 합니다. '어린이가 성찬에 참여하는 것이 가능한가'라는 질문 앞에서 우리는 예수님의 성찬이 출애굽의 전통인 유월절 식사 전통에 잇대어 있다는 점에 유의해야 합니다.

모세가 이스라엘 모든 장로들을 불러서 그들에게 이르되 너희는 나가서 너희의 가족대로 어린 양을 택하여 유월절 어린양을 잡고……너희는 이 일을 규례로 삼아 너희와 너희의 자손이 영원히 지킬 것이니 너희는 여호와께서 허락하신 대로 너희에게 주시는 땅에 이를 때에 이 예식을 지킬 것이라. 이후에 자녀가 묻기를 이 예식이 무슨 뜻이냐 하거든 너희는 이르기를 이는 여호와의 유월절 제사라. 여호와께서 애굽 사람에게 재앙을 내리실 때에 애굽에 있는 이스라엘 자손의 집을 넘으사[유월] 우리의 집을 구원하셨느니라 하라 하매 백성이 머리 숙여 경배하니라 (출 12:21, 24-27).

유월절 식사의 중요한 목적은 자녀들에게 출애굽의 구원을 가르치는 것이었습니다. 말로만 잊지 말라고 하는 것이 아니라, 특별한 식사를 준비하는 모습을 보고 함께 맛봄으로써 몸으로 기억하게 하기 위함입니다. 예수님도 성찬을 제정하며 "이것을 행하여 나를 기억하여라"(눅 22:19, 새번역)고 하셨습니다. 그렇다면 우리는 어린이가 성찬에 참여하는 것이 가능한지 묻기보다 반드시 필요하다고 해야 할 것입니다. 예수님은 어린이를 가리켜 하나님 나라의 주인공이라 하셨습니다(눅 18:15-17).

　한국의 많은 교단들도 세례 받은 어린이가 성찬에 참여할 수 있도록 하는 방향으로 나아가고 있습니다. 물론 어른이나 어린이나 성찬에 담긴 의미를 제대로 알고 참여할 수 있도록 교육할 필요가 있을 것입니다. 또한 유아세례를 받지 못하거나 부모가 그리스도인이 아닌 어린이에 대한 배려가 필요할 것입니다. 성인들 중에서도 세례를 받지 못한 분들의 소외감을 배려할 필요가 있습니다. 저는 성찬을 집례할 때 "아직 세례를 받지 못한 분들은 세례를 받으시고 다음 성찬 때에는 함께 참여하시면 좋겠습니다"라고 말하면서 세례에 대한 간단한 안내를 합니다.

하나됨을 향하여

　우리의 목표는 하나됨입니다. 그리고 그 출발은 코이노니아 곧 참여입니다. 교회에 참여하는 것은 그리스도의 몸을 이루고 나아가 세상일에 참여하여 하나님의 사역에 동참하는 것입니다. 그렇다면 참여의 구체적인 방법은 무엇일까요?

　첫째, 지역교회에 소속되는 것입니다. 근래에는 "교회를 쇼핑한다"는 말이 나올 정도로 이 교회 저 교회 다녀 보고 비교해 보는 경향이 강합니다. 물론 처음 교회를 찾을 때 제대로 살펴보는 것은 중요한 일입니다. 하지만 어느 시점에는 교회를 정해서 소속되어야 합니다. 우리는 보편교회의 일원이지만, 그리스도의 몸에 참여하려면 구체적인 지역교회에 소속되어야 합니다. 성경에서 '교회'라는 말이 등장할 때 대부분은 고린도 교회, 로마 교회, 빌립보 교회와 같은 지역교회를 말합니다. 지역교회에 속하여 함께 교제하고 성장하며 돌봄을 받고 섬기는 것이 하나님의 뜻입니다.

둘째, 소그룹을 통한 사귐입니다. 교회에 등록하여 소속되는 것은 참여와 사귐의 출발입니다. 그리고 보다 가까운 사귐을 위해서는 소그룹이 필요합니다. 자신의 삶을 나누고 서로 기도하는 삶을 통해 우리는 은혜를 누리고 성장합니다. 특히 규모가 큰 교회에 출석하는 경우에는 성도 간에 가까이 교제하기가 쉽지 않기 때문에 가능한 소그룹 가운데 참여하는 것이 좋습니다.

셋째, 섬기는 일에 참여하는 것입니다. 모든 그리스도인이 교회의 구체적인 일에 하나씩 참여하여 함께 섬기는 교회가 건강한 교회입니다. 섬김은 교회를 통해 하나님의 일에 기여한다는 의미와 더불어, 내가 교회의 주체적인 일원이 되고 신앙이 성장하는 데 유익을 줍니다. 사람마다 재능과 관심사와 은사가 다르기 때문에 자신에게 맞는 사역을 찾아볼 필요가 있습니다(이와 관련해서 마지막 시간에 구체적으로 살펴보겠습니다).

서로 돕고 의지하는 삶

영화 「아이 엠 샘」은 정신질환으로 정신연령이 일곱 살 수준으로 멈춰 버린 아빠 샘과 딸 루시의 이야기를 그린 작품입니다. 어느 날 저녁, 샘이 침대에서 루시에게 책을 읽어 주는데 루시가 아는 단어를 아빠가 모르는 경우가 발생합니다. 아이의 지적 능력이 아빠를 초월하기 시작한 것입니다. 루시는 이것을 모른 척 숨기고 넘어가지만, 이런 상황이 지속되기 힘들다는 것을 관객들은 직감합니다. 결국 아동보건당국은 샘에게 루시를 양육할 능력이 없다는 판정을 하게 되고 샘의 양육권을 박탈하기에 이릅니다. 루시는 사설기관을 통해 양부모에게 맡겨지고, 샘은 루시를 되찾기 위해 리타 해리슨이라는 변호사를 찾아갑니다. 리타는 이기적인 변호사이지만 자신의 능력을 과시하기 위해 무료로 샘의 변호를 맡게 되고, 샘과 힘을 합쳐 루시를 찾아오기 위해 분투합니다. 처음에는 변호사인 리타가 샘을 돕는 구도입니다. 그러나 영화가 진행될수록 리타의 연약함이 드러납니다. 열심히 일하면서 가족을 잘 꾸리고 싶어 하지만, 남편과 아들과의 관계가 점점 멀어져 갑니다. 그에 비해 샘은 주위 사람들과 좋은 관계를 맺고 사는 모습을 보입니다. 리타는 조금씩 자신의 모습을 깨닫게 되고 샘을 의지하여 그에게서 위로를 받게 됩니다.

겉으로 보면 돈 많고 똑똑하고 매력적인 변호사로 어느 것 하나 부러울 것 없는 리타. 반면 가난과 정신적 어려움으로 누구에게도 도움이 되지 않을 것 같은 샘. 그런 모습 가운데 리타가 샘으로부터 도움을 받는 모습은 우리에게 교회에 대한 중요한 통찰을 제공합니다.

사람은 전적으로 의존적인(dependent) 존재로 태어납니다. 송아지는 태어나자마자 걷지만 인간은 걷기까지 한참이 걸립니다. 모든 생명체 중 가장 의존적인 존재로 태어나는 인간의 성장은 독립적으로(independent) 되어가는 과정이라 할 수 있습니다. 혼자서 밥 먹고, 옷 입고, 공부하고, 운전하고, 결혼해서 가정을 꾸리고……. 요즈음에는 서른이 넘어도 부모에게 의존하는 자녀가 많다고 합니다. 그래서 독립 곧 자신의 일을 스스로 할 수 있는 것을 인간 성장의 완성으로 보는 것이 일반적입니다. 모든 것을 갖추어서 누구에게도 아쉬운 소리 하지 않고 사는 삶을 꿈꿉니다. 그러나 그렇게 산다고 자부하는 사람도 언제까지나 그렇게 살 수 없습니다. 돈을 잘 벌던 사람도 은퇴하는 날이 오고, 힘이 넘치던 사람도 남의 손에 의지해야 하는 날이 옵니다. 어렵고 힘들 때 누군가가 내 곁에 있어 주고 내 말을 들어주어야 살 수 있습니다. 인간이 완전한 의미에서 독립해 있다는 것은 착각일 수 있습니다. 우리는 늘 다른 사람들의 선의와 호의, 용납과 용서에 의지하여 살아갑니다. 예전에는 마을 공동체 안에서 대가족을 이루어 살면서 서로 나누며 살았는데, 요즈음에는 개인의 주체성과 독립이 강조됩니다. 그러다 보니 언젠가 힘이 없어져서 누군가에게 의지하고 살아야 할 날들에 대한 두려움이 더욱 커진 것 같습니다. 사람을 뜻하는 한자 '사람 인'(人)이 서로 기대어 사는 존재를 말한다는 풀이도 있듯이 상호의존(interdependence)은 인간 삶의 기본 조건입니다.

| 의존 dependence | 독립 independence | 상호의존 interdependence |

예수님은 하나님이시지만 십자가 처형을 앞두고 "내 마음이 심히 고민하여 죽게 되었으니 너희는 여기 머물러 깨어 있으라"(막 14:34)고 부탁하시며 약한 모습을 보이셨습니다. 당시 문화에서는 어떤 고통도 걱정도 없는 아파테이아(apatheia)를 성숙한 인간의 조건이자 신적 경지라 보았습니다. 죽음을 눈앞에 두고 몸부림치며 제자들에게 함께 있어 달라 간청하는 예수님의 모습은 당시 사람들에게 당혹스러운 모습이었습니다. 예수님은 이런 모습으로 참 인간성, 성숙한 인간의 모습을 보여주신 것입니다. 인간의 성숙함이란 어떤 외부의 자극에도 미동하지 않는 무정념의 상태가 아닙니다. 오히려 자신의 약함을 드러내는 솔직함, 이웃에게 도움을 요청하는 겸손함에 성숙의 참된 모습이 담겨 있는 것입니다.

「아이 엠 샘」이라는 영화의 교훈도 이와 비슷합니다. 모든 것을 다 가진 것처럼 보이는 사람에도 약하고 외로운 측면이 있습니다. 우리 중에 너무 강해서 아무 도움도 필요 없는 사람도 없고, 너무 약하고 무능해서 아무런 도움도 되지 않는 사람도 없습니다. 우리 모두는 서로가 서로에게 빚지고 있고, 서로가 서로에게 의지하며 살아야 합니다. 진정한 성숙은 누구에게도 도움받지 않을 정도의 물질적·정서적 독립을 이룩한 상태가 아닙니다. 그런 상태가 가능하다는 것은 환상입니다. 성숙한 사람은 누군가에게 어깨를 빌려줄 만큼 넉넉하고, 자신이 힘들 때 옆 사람에게 기댈 만큼 겸손한 사람입니다. 하나님은 교회를 통해 이러한 삶을 훈련시키십니다. 서로 돕고 의지하는 삶 가운데 하나님이 계십니다.

○

이제 세 번째 강의를 마무리하겠습니다. 성경은 그리스도인을 성도(聖徒)라 표현합니다. '거룩한 무리'라는 말입니다. 단수로는 성인(聖人) 또는 성자(聖者)라 하는데, 존경하는 이를 가리켜 "저분은 성자야"라고 한다면 그것은 극존칭입니다. 예수, 석가, 공자, 소크라테스를 가리켜 세계 4대 성인이라 칭하기도 하는데, 보통사람들로서는 꿈도 꿀 수 없는 말입니다.

그럼에도 성경이 우리를 거룩하다고 하는 것은 공동체로 함께할 때를 말합니다. 우리를 성전으로 표현하는 것도 대체로 복수로 등장합니다. 두세 사람이 모인 곳에 주님이 함께하겠다고 하셨습니다(마 18:20). 우리는 결코 혼자서 성자가 될 수 없습니다. 그러나 함께할 때 하나님이 부어 주시는 은혜로 성도로 불릴 수 있습니다. 서로 의지하며 살아가는 공동체가 하나님을 함께 의지할 때 우리는 거룩한 삶을 향해 발돋움할 수 있습니다. 그 안에서 우리는 세상과 다른 삶을 꿈꿀 수 있습니다. 헨리 나우웬의 글은 이 진리를 잘 보여줍니다.

모자이크는 수천 개의 작은 돌로 만들어져 있습니다. 어떤 돌은 파란색이고, 어떤 돌은 초록색이며, 또 어떤 돌은 노란색, 또 다른 돌은 금색입니다. 우리가 얼굴을 모자이크에 가까이 대고 보면, 우리는 돌 하나하나의 아름다움을 감상할 수 있습니다. 그러나 우리가 모자이크로부터 한 걸음 물러서면, 이 작은 돌들이 하나의 아름다운 그림이 되어 우리 앞에 나타나는 것을 볼 수 있습니다. 그리고 이 그림은 돌 하나하나로서는 할 수 없는 이야기를 우리들에게 들려줍니다.

우리의 공동체 생활이란 바로 이 모자이크와도 같습니다. 우리 각자는 하나의 작은 돌과 같은 것입니다. 그러나 우리는 함께 모여서 하나님의 얼굴을 이 세상에 보여줄 수 있습니다. "내가 하나님을 보여주겠다"라고 말할 수 있는 사람은 아무도 없습니다. 그러나 우리를 하나하나로 보지 않고 함께 뭉쳐서 보는 사람은 "그들에게서 하나님을 볼 수 있다"고 말할 수 있습니다. 공동체는 겸손과 영광이 서로 만나는 곳입니다.[2]

다시 만나는 교회

1. 화해의 시작, 하나님의 참여

· 하나님과 인간 사이의 '화해'는 하나님이 인간의 삶 가운데 내려오셔
서 '참여'하시는 것으로 시작되었다.

· 신분에 관계없이 하나님이 인간이 되신다는 것은 파격적으로 자신을
낮추신 것이다.

· 예수님은 환대와 돌봄이 필요한 연약한 모습으로 우리 삶의 현장 가운
데 계신다.

· 교회도 처음부터 지금까지 한결같이 세상 한복판에서 고립과 은둔보
다는 참여라는 방향으로 존속해 왔다.

2. 화해의 완성, 하나됨

· 하나님의 참여로 시작된 하나님과 인간 사이의 화해는 '하나됨'으로
완성된다.

· 이 하나됨은 삼위일체 하나님이 서로 사랑하시는 그 사랑 속으로 우리
를 초대하시는 것이다.

· 그리스도께 속한 믿음의 공동체가 서로 사랑하는 모습을 통해 세상이
하나님을 알게 된다. 결국 사귐과 선교는 하나다.

3. 교회의 두 가지 성례

· 교회의 중심이 되는 두 가지 성례는 '세례'와 '성찬'으로, 모두 하나됨
이 중심을 차지하고 있다.

· 세례의 의미는 그리스도와 함께 장사되고 함께 일으키심을 받는 것이
다. 우리의 신앙을 공적으로 고백하고 세례를 받음으로 우리는 보편교
회의 일원으로서 그리스도와 하나되었을 뿐 아니라 하나님의 가족이
되었다는 사실을 확인받는다.

· 성찬에 참여할 때 우리는 예수 그리스도의 몸과 피에 참여함으로 그리스도의 구속의 은총으로 그분과 하나된다. 하나님이 우리의 죄를 이미 사하셨음을 확신하고 영생의 소망을 새롭게 한다. 함께 떡과 잔에 참여하는 교회 가족, 그리스도의 이름으로 모이는 모든 그리스도인이 한 가족임을 고백한다. 또한 복음의 증인으로 살아갈 수 있는 은총을 받는다. 결국 성찬은 교회의 두 본질인 사귐과 선교의 의미가 완벽하게 담겨 있는 예식이다.

4. 하나됨을 향하여

· 하나됨을 이루기 위한 출발점은 코이노니아 곧 '참여'다. 교회에 참여하는 것은 그리스도의 몸을 이루고 나아가 세상일에 참여하여 하나님의 사역에 동참하는 것이다.
· 참여의 구체적인 방법은 세 가지로, '지역교회에 소속되는 것', '소그룹을 통한 사귐', '섬기는 일에 참여하는 것'이다.

5. 서로 돕고 의지하는 삶

· 인간의 성장은 '의존적인 존재'로 태어나 '독립적으로' 되어가는 과정이다. 그러나 인간이 완전한 의미에서 독립해 있다는 것은 착각이다. 우리는 늘 다른 사람들의 선의와 호의, 용납과 용서에 의지하여 살아간다. 결국 '상호의존'은 인간 삶의 기본 조건이다.
· 진정한 성숙은 누구에게도 도움 받지 않을 정도의 물질적·정서적 독립을 이룩한 상태가 아니다. 성숙한 사람은 누군가에게 어깨를 빌려줄 만큼 넉넉하고, 자신이 힘들 때 옆 사람에게 기댈 만큼 겸손한 사람이다.
· 하나님은 교회를 통해 이러한 삶을 훈련시키신다. 서로 돕고 의지하는 삶 가운데 하나님이 계신다.

1. "잘 먹고 잘 살아라!"는 말이 결코 축복이 될 수 없다는 사실이 인간의 삶에 대하여 어떤 통찰을 줍니까? 구원의 의미와 연결하여 생각해 봅시다(85-86쪽 참조).

2. 하늘을 나는 자동차 개발 이야기는 하나님이 사람이 되신 '성육신'의 교리를 어떻게 설명해 줍니까? 성육신 교리는 '참여'라는 기독교 신앙의 방향과 어떤 관계가 있습니까?(87-89쪽 참조)

3. [괄호 넣기]하나됨은 교회의 가장 중요한 가치입니다. 개신교회의 두 성례인 (   )와 (   )은 하나됨의 상징입니다(92쪽). 하나됨을 이루어가는 방법은 참여입니다. 참여의 구체적인 방법으로는 (   ), (   ), (   )이 있습니다(100-101쪽 참조).

4. [역할극] 두 사람씩 짝을 지어 각자의 생일이 몇 월인지 나누어 봅시다. 생일이 빠른 분이 교회에 먼저 다닌 김집사 역이고, 늦은 분이 기독교 신앙에 막 관심 갖기 시작한 새신자 역입니다. 김집사 역을 맡은 분이 세례의 의미와 절차에 대해서 설명해 주시고, 새신자 역을 맡은 분이 궁금한 점을 질문해 봅시다(92-97쪽 참조).

5. 예수님의 간절한 소원은 하나됨이었습니다. 하나님과 우리 사이에 완전한 평화를 누리는 것입니다. 아무런 갈등이 없는

상태를 평화라고 하지 않습니다. 서로가 삶을 나누며 함께 울고 웃는 공동체를 통해 평화가 이루어집니다. 그러므로 하나 됨을 이루려면 함께하는 삶에 참여해야 합니다. 3번 문항에서 복습한 참여의 세 가지 방법을 나의 삶에 어떻게 적용할 수 있겠습니까?

6. 영화 「아이 엠 샘」을 보고 느낀 점을 나눕시다. 인간 성장의 세 가지 단계 곧 의존, 독립, 상호의존에 대하여 이해하고 경험한 대로 나누어 봅시다. 이 성장 과정은 공동체의 필요에 대해 어떤 통찰을 줍니까?(102-105쪽 참조)

7. "'내가 하나님을 보여주겠다'라고 말할 수 있는 사람은 아무도 없습니다"라는 헨리 나우웬의 말에도 불구하고 우리가 하나님에 대해 말할 수 있고 하나님을 보여줄 수 있다는 꿈을 가질 수 있는 이유는 무엇입니까? 성도라는 말의 뜻과 연결지어 생각해 봅시다(105-106쪽 참조).

과제

성경을 공부하는 방법에는 여러 가지가 있습니다. 한 성경을 택하여 차례로 읽으며 공부할 수도 있고, 주요 사건별 혹은 인물별로 공부해 볼 수도 있습니다. 또한 성경에 나오는 중요한 단어들 중심으로 공부하는 것도 유익합니다. 신약성경에서 가장 많이 나오는 단어 중 하나가 '서로'(피차)라는 단어입니다. 236쪽 '부록'에 적힌 성경구절들을 읽으며 '서로' 혹은 '피차'라는 단어에 동그라미를 치고, 서로 무엇을 하라고 하고 무엇을 피하라고 하는지 밑줄을 그어 봅시다. 이 말씀들 가운데 가장 기억에 남는 권면을 적고 묵상해 봅시다. 말씀과 함께 떠오르는 기도제목이나 감사제목이 있다면 적어 봅시다.

성장 ─ 교회는 성장을 위한 공동체다

하나님이 세상을 이처럼 사랑하사 독생자를 주셨으니 이는 그를
믿는 자마다 멸망하지 않고 영생을 얻게 하려 하심이라.

요한복음 3:16 말씀에는 "영생"이라는 단어가 등장합니다. 우
리는 대부분 영생을 '영원히 사는 것'으로 알고 있습니다. 그런데
여기서 두 가지 질문을 해볼 수 있습니다.

우선, '예수님을 믿지 않고 죽으면 존재가 없어지거나 영원히
살지 못하는 것인가' 하는 점입니다. 만일 그게 아니라면 영생
을 단순히 영원히 사는 것이라고 정의하는 것에 대하여 다시 생
각해 보아야 합니다. 누군가에게 이런 말을 들은 적이 있습니다.
"나는 인간이 죽으면 그것으로 끝난다는 것을 확실히 알 수 있으
면 좋겠어요. 그것만 분명하다면 내 마음대로 살 수 있을 테니까

요. 죽음 이후에 무엇이 있을지 모르니 정말 불안합니다." 과연 예수님을 믿지 않으면 그것으로 끝이고 영원히 살지 못하게 될까요? 하지만 인간은 그런 존재가 아닙니다.

두 번째로, '영원히 사는 것이 정말 좋은가' 하는 점입니다. 사람이 백 살, 이백 살, 삼백 살까지 산다면 정말 좋을까요? 각종 질병과 외로움과 빈곤에 시달리고 삶에 대한 활력이 없는 상태라면 장수가 무조건 좋은 것이 아닐 수 있습니다. 오늘날은 인류 최초로 장수가 복이 아닐 수도 있다는 생각을 하게 된 시대입니다. 고민스러운 시대일수도 있지만 삶에 대한 새로운 고민을 할 수 있는 시대, 삶을 제대로 이해할 수 있는 가능성이 열린 시대라고 볼 수도 있습니다. 우리가 삶을 이해하는 만큼 영생을 제대로 이해할 수 있습니다. 배고픈 시대에는 배만 부르면 그곳이 천국일 것이라고 생각했지만, 이제는 영생이 무엇인지 보다 정교하게 질문하고 '그렇다면 잘 산다는 것은 무엇인가'에 관해 깊이 있게 고민할 수 있게 된 것입니다.

영생이란 무엇인가

그들은 영벌에, 의인들은 영생에 들어가리라 하시니라(마 25:46).

여기서 "영생"의 반대는 없어지는 것이 아닙니다. 'eternal life'의 반대는 'eternal punishment' 곧 '영벌'입니다. 결국 영생이라는 말은 양적 시간의 문제가 아니라 삶의 질의 문제라는 점을 알 수 있습니다. 수직선상에서 시간이 매우 길어지는 것 혹은 무한히 연장되는 것을 말하는 게 아니라 어떤 삶인지에 관한 문제입니다. 예수님은 "내가 온 것은 양으로 생명을 얻게 하고 더 풍성히 얻게 하려는 것이라"(요 10:10)고 하셨습니다. 단순히 오래 사는 것이 아니라 풍성한 생명을 약속하셨습니다. 이 풍성한 생명이 언제 시작됩니까? 앞에서 살펴본 삭개오 이야기를 기억하실 것입니다. "오늘 구원이 이 집에 이르렀으니"(눅 19:9). 바로 우리가 예수님을 믿는 순간에 시작됩니다.

　구약성경은 하나님이 가져오실 새 하늘과 새 땅에 대한 기대로 가득 차 있습니다(사 65:17, 66:22). 예수님 당시의 유대인들은 이 약속에 따라 새로운 세대가 올 것을 기다렸습니다. 그래서 "영생"이라고 번역된 단어는 '새 세대(aeon)에 속한 생명'이라는 말입니다. 유대 문헌에서는 주로 "다가올 세대에 속한 생명"(the life of the aeon to come)이라고 표현했습니다. 지금은 악한 세대인데, 하나님이 구원을 가져오시면 새로운 세대가 시작될 것이라는 것입니다. 하나님에 의해 시작될 새로운 세대에 속한 생명이 영생입니다. 1세기 당시 대표적 유대인인 바울의 예를 들면 이해하기 쉽습니다. 바울이 유대인으로서 예수님을 믿는 사람들을 핍박할 때는 이 악한 현 세대가 끝나고 종말이 오면 그때부터 새 세대가 시작될 것이라 생각했습니다.

다메섹 이전 바울의 종말 이해

현 세대 | 새 세대

종말

이런 구도 속에서 새 세대에 속한 생명 곧 영생은 현 세대가 끝나고 오는 것이었습니다. 그런데 바울이 다메섹 도상에서 부활하신 그리스도를 만나고 나서 (행 9:1-9) 깨닫게 된 하나님의 계획은 아래와 같습니다.

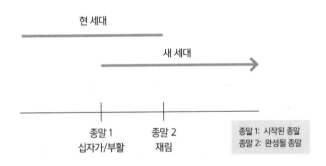

그리스도를 만난 이후의 종말 이해

현 세대

새 세대

종말 1
십자가/부활

종말 2
재림

종말 1: 시작된 종말
종말 2: 완성될 종말

현 세대가 아직 안 끝났는데 새 세대가 시작되었습니다. 예전에는 현 세대가 끝나고 새로운 세대가 시작되는 것을 종말이라 생각했습니다. 그런데 바울이 부활한 그리스도를 만나고 나서 깨달은 사실은 현 세대가 아직 안 끝났지만 새 세대가 시작되었

다시 만나는 교회

다는 것이고 그게 곧 종말이라는 것입니다. 바울은 누구든지 그리스도 안에 있으면 새로운 세계를 살아가게 된다고 했습니다(고후 5:17).[1]

'종말 1'은 예수님의 십자가와 부활로 새로운 생명의 역사가 여기 이 땅에서 시작되었다는 것입니다. 그러나 아직 옛 세대가 없어지지 않았습니다. 여전히 이 세대의 세력이 남아 있으며 예수님이 재림하실 때 없어질 것입니다. 신약성경에 의하면 종말은 두 가지 측면에서 살펴볼 수 있습니다. '종말 1'은 십자가와 부활에 의해 새로운 세대가 시작된 것입니다. 그런데 '종말 2'가 있습니다. 이것은 새로운 세대의 완성이자 옛 세대가 사라질 때를 가리킵니다. 요한계시록 마지막 부분에 나오는 대로, 하나님이 "보라. 내가 만물을 새롭게 하노라"(계 21:5)고 말씀하실 그 종말입니다. 결론적으로 우리 세대는 '종말 1'과 '종말 2' 사이, 그리스도의 십자가와 부활로 새 세대가 이미 시작되었지만 아직 완성되지 않은 '중간 시대'를 살아가는 것입니다.

이 중간 시대 가운데 있는 사람들은 두 가지 삶의 방식이 가능합니다. 즉 옛 세대를 따라 사는 방식과 새 세대를 따라 사는 방식입니다.

> 너희는 이 세대를 본받지 말고 오직 마음을 새롭게 함으로 변화를 받아 하나님의 선하시고 기뻐하시고 온전하신 뜻이 무엇인지 분별하도록 하라(롬 12:2).

하나님의 뜻을 따르기 싫어하는 "이 세대"가 아닌, 예수 그리스도 안에서 이미 시작된 새 세대를 따라 살아가는 것이 곧 신앙생활입니다. 이때 무엇이 새 세대의 방식인지를 분별하는 것이 곧 하나님의 뜻을 분별하는 것입니다.

미국 시카고에서 한국까지 비행기를 타고 온다고 가정할 때 두 부류의 사람이 있습니다. 한 부류는 시카고 시간을 그대로 유지한 채 먹고 자는 사람들이고, 다른 한 부류는 시카고에서 비행기를 타자마자 한국 시간으로 바꾸어 놓는 사람입니다. 앞으로 한국에 와서 살 것이기 때문에 한국 시간으로 바꿔 놓고 빨리 적응하는 편이 지혜롭습니다. 결국 끝까지 예전 시간을 붙잡고 있는 사람이 있는가 하면, 아직 도착하지 않았는데도 가서 살 나라의 시간에 맞추어 사는 사람이 있다는 것입니다. 그와 같이 이미 지나간 옛 세대에 시계를 맞추며 사는 것이 아니라, 앞으로 살아갈 이미 도래한 하나님의 새 세대에 모든 것을 맞추고 살아가는 것이 그리스도인의 삶이라는 것입니다.

> 무릇 그리스도 예수와 합하여 세례를 받은 우리는 그의 죽으심과 합하여 세례를 받은 줄을 알지 못하느냐. 그러므로 우리가 그의 죽으심과 합하여 세례를 받음으로 그와 함께 장사되었나니 이는 아버지의 영광으로 말미암아 그리스도를 죽은 자 가운데서 살리심과 같이 우리로 또한 새 생명 가운데서 행하게 하려 함이라(롬 6:3-4).

세례 받은 사람은 새 生命 가운데 살아갑니다. 질적으로 전혀 다른 새로운 생명이 곧 영생입니다. 그저 오늘 우리가 가지고 있는 이 육체의 생명이 그대로 무한정 연장되는 차원이 아니라, 질적으로 완전히 새로운 삶이 천국에서 우리가 누릴 삶이며, 우리가 예수 그리스도를 믿는 순간부터 그 새로움이 시작된다는 말입니다. 그것이 예수님이 말씀하신 "풍성한 삶"(요 10:10)이며, 삭개오와 같이 그리스도를 주로 고백하고 그 주권에 순종하여 사는 삶입니다.

너희 구원을 이루라

그러므로 나의 사랑하는 자들아, 너희가 나 있을 때뿐 아니라 더욱 지금 나 없을 때에도 항상 복종하여 두렵고 떨림으로 너희 구원을 이루라(빌 2:12).

"구원을 이루라"는 말을 들으면 성경을 조금 아는 이들은 의문이 생깁니다. 우리는 이미 구원을 받았으며, 내가 이루는 것이 아니라 하나님이 주시는 것이고 나는 그저 받는 것이라 알고 있기 때문입니다. 그런데 왜 이 말씀에서는 구원을 이루라고 하면서 내가 무언가를 해야 되고 아직 무언가가 남아 있는 것처럼 말할까요? 그것은 성경에서 구원이라는 단어가 조금씩 다른 의미로 쓰이고 있기 때문입니다.

좁은 의미에서 구원은 '위험에서 구해 준다'는 의미입니다. 물에 빠진 사람을 건지듯 건져냄을 뜻합니다. "물에 빠진 사람 건져 놓으니 보따리 내놓으라 한다"는 속담이 있습니다. 남에게 은혜를 입고도 고마워할 줄 모르고 트집을 잡는 것을 이르는 말입니다. 그런데 달리 생각해 볼 여지가 있습니다. 물에 빠진 사람이 집에 갈 차비가 있겠습니까? 옷도 다 젖고, 배도 고프고, 기진해서 몇 걸음 가다가 쓰러질 수도 있습니다. 건져 준 것도 고마운 일이지만, 그 사람이 상식이 있는 사람이면 차비를 주든지, 밥이라도 사 주든지 할 것 아닙니까? 물에 빠진 사람을 건져내는 것이 구원이라고 정의한다면 "이미 구원받았다"가 맞습니다. 그러나 집까지 무사히 데려다주는 것이 구원이라고 한다면 "구원을 이루라"가 맞습니다.

쉽게 말하면 구원의 시작("구원을 받았다")은 지옥에 가지 않아도 되는 것입니다. 요한복음 3:16에서 "멸망하지 않고"라는 말은 "물에 빠진 사람을 건져 주는 것"을 의미합니다. 그리고 구원의 완성("구원을 이루라")은 천국에 어울리는 사람, 하나님께 어울리는 사람이 되는 것입니다. 다시 말해 구원의 시작은 관계의 회복이고, 구원의 완성은 존재의 변화입니다. 앞에서 살펴본 내용과 연결하면, 우리가 예수 그리스도를 영접함으로(믿음) 하나님의 자녀(관계의 회복), 하나님께 속한 사람이 되었고(소속의 변화), 서서히 다른 사람이 되어가는 것입니다(존재의 변화).

너희 안에서 행하시는 이는 하나님이시니 자기의 기쁘신 뜻을 위하여 너희에게 소원을 두고 행하게 하시나니(빌 2:13).

하나님은 우리에게 알아서 이루라고 하시지 않습니다. 물에 빠진 사람을 건져내 놓고 자신의 보따리라도 뒤져서 먹이고 입히고 집에까지 갈 수 있도록 도와주십니다. 이때 하나님이 도와주시는 방법은 우리 "안에서" 일하시는 것입니다. 우리 안에 소원을 심어 주십니다. 예수님을 믿는 사람들에게 중요한 특징이 있습니다. 정도의 차이는 있지만 성장에 대한 열망이 있다는 것입니다. "좀 더 잘 믿어야 되는데", "조금 더 기도하고 조금 더 예수님 닮은 사람이 되어야 하는데" 하는 마음이 크든 작든 있습니다. 예수를 믿지 않는 사람들은 이 점을 잘 이해하지 못합니다. "그냥 교회만 다니면 됐지, 뭘 그렇게 열심히 하려고 하지"라고 말합니다. 이것은 작은 차이 같지만 본질적인 차이입니다. 우리 가운데 이런 소원이 있는 것은 하나님이 심어 주셨기 때문입니다. 새 생명의 씨앗이라 할 수 있습니다. 이 소원은 하나님의 기쁘신 뜻을 향해 있습니다. 이 열망 안에서 하나님과 내가 만납니다.

전에는 우리도 다 그 가운데서 우리 육체의 욕심을 따라 지내며 육체와 마음의 원하는 것을 하여 다른 이들과 같이 본질상 진노의 자녀이었더니(엡 2:3).

우리의 소원이 하나님과 반대되었는데, 점점 하나님께 순종하여 하나님의 뜻을 잘 분별할 수 있는 사람으로, 하나님이 기뻐하시는 것을 나도 기뻐하는 마음으로 자라가는 것입니다. 「주의 음성을 내가 들으니」라는 찬송(새찬송가 540장)의 "나의 품은 뜻 주의 뜻 같이 되게 하여 주소서"라는 가사처럼 말입니다.

성장에 헌신하는 교회

교회의 일차적인 과제는 성장입니다. 성장이 타깃이라 할 수 있습니다. 타깃(target)과 목표(goal)는 다릅니다. 저 멀리 사나운 괴물이 있습니다. 그것을 쓰러뜨리는 게 목표입니다. 그렇다면 타깃은 무엇일까요? '머리를 겨냥할 것인가, 심장을 조준할 것인가, 왼쪽 발 셋째 발가락을 맞출 것인가' 하는 것입니다. 타깃이 제대로 설정될 때 효과적으로 목표를 성취할 수 있는 것입니다. 교회의 목표는 훨씬 포괄적입니다. 그러나 교회의 일차 타깃은 성장입니다.

성장이라고 할 때 그 중심은 개인의 영적 성장입니다. 교인 수가 중심이 아니라는 것입니다. 물론 일반적으로 건강한 교회가 양적으로 성장합니다. 그러나 반대로 숫자가 늘어난다고 해서 모두 건강한 교회는 아닙니다. 만일 교인 수는 늘어났는데 구성원들의 믿음과 인격적 성숙도가 여전히 미약한 수준이라고 한다면, 그 교회는 참으로 비참한 교회이며 결국 많은 문제를 낳고 말 것입니다. 교회의 양적 성장이 중요하지만 그것이 목표가 될 수는 없습니다. 개인의 영적 성장이 우리 성장의 중심이 되어야 합니다. 개인의 영적 성장과 관련하여 두 가지 염두에 두어야 할 사항이 있습니다.

첫째, 영적 성장은 전인적 성장을 가져옵니다. 우리는 전인적 성장의 성경적 모델을 예수님의 성장에서 찾을 수 있습니다.

> 예수는 지혜와 키가 자라가며 하나님과 사람에게 더욱 사랑스러 워 가시더라(눅 2:52).

예수님의 성장을 보여주는 이 말씀은 인간에게 필요한 성장의 네 가지 영역을 보여줍니다. 우선 지혜가 자라가는 **지적**(mental) 성장, 키가 자라가는 **육체적**(physical) 성장, 하나님에게 사랑스러워지는 **영적**(spiritual) 성장, 마지막으로 사람에게 사랑스러워지는 **사회적**(social) 성장입니다. 이것을 가리켜 행복의 조건이라 해도 좋습니다. 육체적으로 건강하고 관계가 원만한 것이 행복의 주요 조건이라는 것을 잘 아실 것입니다. 또한 정도의 차이는 있지만 모든 사람은 새로운 것을 배우고 지식이 자라나는 가운데 기쁨을 느낍니다. 그리고 하나님과의 친밀한 관계가 행복의 조건에 포함됩니다. 이 네 가지 영역에서 성장하는 것이 성경이 말하는 전인교육입니다.

많은 그리스도인들이 이 네 가지 영역에서 가능한 균형을 맞추려고 노력합니다. 그러나 시간은 늘 부족합니다. 어느 한 영역에서 문제가 생깁니다. 지적 성장을 위해 공부를 많이 하다 보면 운동할 시간이 부족하거나 사회관계가 소원해지거나 하는 식입니다. 그래서 한 영역에 문제가 생기면 그쪽에 집중하고 또 다른 영역에 문제가 생기면 거기에 집중하면서 허겁지겁 살아갑니다.

하지만 우리 삶을 자세히 들여다보면 이 네 영역이 겹치는 부분이 있습니다. 예를 들어, 육체적 성장과 사회적 성장이 겹치는 것은 친구들을 만나 함께 배드민턴을 치거나 등산을 하는 경우일 것입니다. 지적 성장과 영적 성장이 겹치는 것은 독서를 들 수 있고, 지적 성장과 사회적 성장은 독서모임을 생각해 볼 수 있습니다. 꼭 신앙서적이 아니더라도 인간에 대한 이해를 깊게 하는 책들, 자신을 돌아볼 수 있는 책들이 영적 성장에도 도움을 줍니다. 이렇게 네 영역이 서로 겹치는 부분을 잘 찾으면 시간을 효율적으로 사용할 수 있습니다.

또한 각각의 영역은 서로 영향을 주고받는데, 가령 지적 명민함은 영적인 부분에 도움을 주는 한편, 영적 건강과 육체적 건강이 서로 연관되어 있음을 말해 주는 임상 결과들이 발표되고 있습니다. 성경에서도 "마음의 즐거움은 양약"(잠 17:22)이라고 말합니다. 그리고 무엇보다 영적 건강은 전인적 건강의 기초가 됩니다. 자신의 감정을 다스리는 힘, 적절한 목표를 세우고 달성하기 위해 노력하는 힘, 좋은 습관을 형성하는 태도 등이 전인적 성장에 포함됩니다.

사랑하는 자여, 네 영혼이 잘 됨 같이 네가 범사에 잘되고 강건
하기를 내가 간구하노라(요삼 1:2).

　　주위를 둘러보면 이 말씀을 기복적으로 사용하는 사람들이
많습니다. "신앙생활 열심히 하고 교회에 충성하면, 좋은 대학 가
고 취업도 잘되고 사업도 잘되고 모든 면에서 복을 받을 것이다"
라는 식으로 해석하면 번영 복음의 기초가 됩니다. 번영 복음은
현세적 번영과 물질적 축복과 사회적 성공을 초점으로 삼는 신
앙입니다. 기복 신앙과도 맥을 같이합니다. 인간이 복을 구하는
것 자체가 잘못은 아닙니다. 그러나 기복 신앙은 하나님을 현세
의 복을 얻기 위한 수단으로 삼는 신앙을 말합니다. 우리는 위의
구절을 "영혼이 잘 되는 것" 곧 '하나님과의 관계가 바로 정립되
는 것'을 목적으로 삼아야 한다는 뜻으로 읽어야 합니다. 하나님
과의 관계가 바로 정립될(rectify) 때, 사람의 모든 관계가 건강하
고 조화로운 방향으로 나아갈 것입니다. 이웃과의 관계의 풍성
함, 가정의 화목, 자신의 삶에 대해 책임 있는 태도 등이 열매로
맺힐 것입니다. 즉 영혼이 잘 되는 것이 삶의 모든 부분을 건강
하게 만들 수 있다는 말입니다.

　　둘째, 개인이라고 하지만 믿음의 **공동체**는 성장의 가장 좋은
토양이 됩니다.

　　먼저, 공동체가 함께 **예배**하는 가운데 성령 하나님이 역사하
십니다. 예배 가운데 우리는 하나님에 대한 사랑을 고백하고, 찬

양하며, 말씀을 듣고 하나님의 뜻을 깨닫습니다. 내 의지를 꺾고 하나님의 뜻에 순복하게 되며, 세상이 줄 수 없는 치유를 경험하기도 합니다. 공동체의 예배를 통해 하나님은 우리를 만들어 가십니다. 이 세상을 따르지 않고 "하나님의 선하시고 기뻐하시고 온전하신 뜻"(롬 12:2)을 따라 사는 일은 공동체의 예배를 중심으로 일어납니다. 성도의 성장을 가리켜 보통 성화(sanctification)라고 하는데, 이는 구약성경에서 하나님 앞에 드리는 예물을 깨끗하게 하는 과정을 말합니다. 성화는 하나님께 예배하기에 합당한 사람이 되어가는 것입니다. "너희 몸을 하나님이 기뻐하시는 거룩한 산 제물로 드리라"(롬 12:1)는 말씀이나 "너희 구원을 이루라"(빌 2:12)는 말씀도 공동체가 함께 이루는 성장의 과정을 의미합니다.

공동체가 함께하는 예배와 더불어 우리에게는 스스로 성경을 읽고 기도하고 묵상하는 것이 필요합니다. 보통 경건의 시간이라고 하는데 이와 관련해서는 다음 시간에 자세히 살펴보겠습니다.

그와 더불어 중요한 것이 있는데, 앞에서 강조한 소그룹에 참여하는 것입니다. 1세기 초대교회는 대부분 가정에서 모였습니다. 교회 건물 없이도 활력 있는 공동체를 유지할 수 있었던 것은 복음 안에서 함께 삶을 나누며 신앙을 세워 나가는 모습이 있었기 때문입니다. 그 안에서 가난하든 부하든 지위가 높든 낮든 상관없이 마음을 열고 하나되는 역사가 있었습니다. 오늘날에도 그러한 모임이 가능할까요?

그 전에 먼저 현대인에게 이런 공동체가 더욱 절실하게 필요하다는 사실을 돌아보아야 합니다. 우리 시대는 핵가족 시대를 넘어 일인 가구 시대를 향해가고 있으며, 세대 간 단절, 과도한 경쟁으로 현대인은 심각한 곤란을 겪고 있습니다. 이들의 아픔을 치유하고 삶의 온전성을 회복하는 길은 진실하고 친밀한 공동체를 통해서만 가능합니다. 오늘날 건강하게 성장하는 많은 교회들, 행복하다고 고백하는 많은 그리스도인들은 예배뿐 아니라 친밀한 소그룹에 참여하고 있는 이들입니다.

교회의 소그룹에서는 말씀을 중심으로 삶의 기쁨과 슬픔을 함께 나눕니다. 부부가 함께 소그룹에 참여하다 보면, 부부 사이에 몰랐던 속마음을 소그룹에서 나누게 되는 경우도 있습니다. 집에 오면서 차 안에서 "당신 그런 일 있었어?", "당신 그렇게 힘들었구나?" 하기도 합니다. 아무리 가까운 부부나 친구라 하더라도 일상에서 속마음을 털어놓는 것은 쉽지 않습니다. "두세 사람이 내 이름으로 모인 곳에는 나도 그들 중에 있느니라"(마 18:20) 하신 약속대로, 우리 가운데 성령 하나님이 함께 계시기 때문에 깊은 마음을 꺼내 놓을 수 있는 것입니다.

예전에는 남자들이 여자에게 청혼하면서 "평생 행복하게 해줄게. 무슨 일이 있어도 당신 눈에서 눈물 안 나게 해줄게"라고 말하곤 했습니다. 아름다운 마음이지만 그 마음대로 살기란 쉽지 않습니다. 우리 인생길에는 항상 슬픔과 고통이 도사리고 있습니다. 남편이 아무리 자상하고 능력 있어도, 부부가 서로 지극히 아껴 준다 하더라도 피할 수 없는 현실입니다. "절대로 울지 않게 해줄게"라는 말을 "절대로 혼자 울지 않게 해줄게"로 고쳐 말할 수 있을 것입니다. 아내가 마음 아픈 순간에 함께 울어 줄 수만 있어도 좋은 남편일 것입니다.

교회에 아무리 은혜가 넘쳐도 성도들의 삶에 눈물 흘릴 일이 생기기 마련입니다. 좋은 교회는 모든 슬픔과 고통에서 면제될 것을 약속하는 교회가 아니라, 아플 때 함께 울어 줄 수 있는 교회입니다. 저는 우리 교회가 '아무도 혼자 울지 않는 교회'가 될 수 있다면 참 좋겠습니다. "오늘 예배에 몇 명이 나왔는가" 하는 통계보다 "오늘 누구 얼굴이 안 보이네" 하며 한 사람의 안위에 관심 갖는 교회가 좋은 교회입니다. 이런 교회는 함께 만들어 가야 합니다. 모든 성도가 소그룹에 열심히 참여하는 토대 위에서 함께 교회를 세워갈 수 있습니다. 서로 간에 사귐이 깊어질수록 하나님의 사랑도 더 깊이 경험할 수 있을 것입니다. 지난 시간에 나눈 대로, 우리 중에 아무것도 줄 수 없을 만큼 가난한 사람도 없고, 아무것도 받지 않아도 될 만큼 부유한 사람도 없습니다. 우리는 모두 소중한 존재이며, 서로가 서로에게 힘이 된다는 사실을 소그룹 모임을 통해 확인할 수 있습니다.

지금까지 나눈 내용을 정리하면, 개인의 영적 성장에서 경건의 시간은 주체적으로 하나님과 깊은 관계를 이어갈 수 있게 해줍니다. 공동체는 그 관계가 고립되거나 독단적이지 않게 해줍니다.

누구나 삶에서 위기를 경험하며 영적으로 메마른 때를 경험합니다. 소그룹 관계를 통해 서로가 서로를 도울 수 있습니다. 그리고 이 모든 과정을 이끄는 힘을 예배를 통해 공급받습니다.

제가 미국에서 목회할 때는 교회 자체적으로 큐티 교재를 만들어 온 성도가 한 주간 동안 묵상하고 온 본문으로 주일에 설교하고, 같은 내용으로 소그룹 안에서 나눔을 했습니다. 같은 말씀을 묵상하고 듣고 나누며 적용하는 가운데 말씀에 대한 이해가 깊어지고, 공동체 전체가 한 말씀 안에 살아갈 수 있었습니다. 그래서 저는 지금도 가능한 동일한 본문으로 묵상하고 말씀을 전하고 나눔을 하려고 노력합니다. 교회학교에서도 같은 본문이나 주제를 배운다면 온 가족이 같은 내용으로 나눌 수 있을 것입니다.

회복을 꿈꾸며

사도 바울은 신앙 성장에 대하여 이렇게 말했습니다.

> 나는 심었고 아볼로는 물을 주었으되 오직 하나님께서 자라나게
> 하셨나니 그런즉 심는 이나 물 주는 이는 아무것도 아니로되 오
> 직 자라게 하시는 이는 하나님뿐이니라(고전 3:6-7).

신앙의 성장을 위해 심는 사람과 물을 주는 사람이 필요하지
만 자라게 하시는 분은 하나님이십니다. 교회가 열심히 가르치
고 프로그램을 진행하지만 성장을 기획할 수는 없습니다. 우리
삶 전체를 이끌어 가시는 하나님이 삶의 다양한 사건들을 통해
한 인격을 빚으며 공동체를 세워가십니다. 물론 교회는 심는 일
과 물 주는 일, 성장을 위한 노력에 힘을 기울여야 합니다. 최선
의 환경을 만들어 가면서 하나님이 은혜 주시기를 기대할 뿐입
니다.

> 너희 안에서 착한 일을 시작하신 이가 그리스도 예수의 날까지
> 이루실 줄을 우리는 확신하노라(빌 1:6).

시작하신 분도 하나님이시고, 이루실 분도 하나님이십니다.
"착한 일"(good work)이라는 말은 태초에 하나님이 세상을 지으시

고 "보시기에 심히 좋았더라"(very good, 창 1:31) 하셨던 그 상태를 회복하신다는 말씀입니다. 하나님이 창조하신 인간, 타락하기 전의 아담과 하와가 얼마나 멋있었을지 상상해 보셨습니까? 다음과 같은 경우를 생각해 봅시다. 어느 아프리카 오지 마을에 비행기가 추락했습니다. 이 마을 주민들은 태어나서 비행기를 한 번도 보지 못한 사람들입니다. 그들이 불에 타고 난 쇳덩이를 보고 이게 하늘을 날았던 물건이라는 것을 상상할 수 있을까요? 그것은 거의 불가능한 이야기입니다. 이 비행기 잔해가 바로 오늘 우리 인간의 모습이라 할 수 있습니다. 하늘을 나는 멋진 비행기는 하나님이 본래 창조하신 아담과 하와의 유비입니다.

우리의 깨어진 모습, 쉽게 실망하고 걸핏하면 다른 사람을 미워하고, 작은 일에도 두려워하고 의기소침해지는 모습을 바라보며 하나님이 본래 우리를 창조하신 그 아름다운 모습을 상상하기란 쉽지 않습니다. 그래서 하나님이 우리에게 예수님을 보내주신 것입니다. 우리는 본래 인간의 아름답고 당당한 모습을 예수님을 통해 알 수 있습니다. 우리가 하나님의 형상으로 회복된다는 것은 예수님을 닮아간다는 것입니다. "예수 믿고 죽어서 천국 간다"는 것은 구원이라는 큰 이야기의 시작점에 불과합니다. 우리가 전통적으로 이해해 왔던 구원 개념이 잘못된 것이라기보다 부분적이라는 것입니다. 구원의 큰 그림을 이해하면 교회가 무엇인지는 자연스레 그 안에 들어가게 됩니다. 이 그림에서 중요한 부분은 예수님을 믿은 우리가 예수님을 닮아가는 것입니다. 하나님이 인간을 창조하셨을 때의 그 아름다운 모습을 회복해가는 것입니다.

○.

이제 네 번째 강의를 마무리하겠습니다. 그리스도인은 무엇보다 자신의 성장에 헌신해야 합니다. 그것이 곧 "하나님의 기쁘신 뜻"(빌 2:13)입니다. 나 자신의 영적 건강을 돌보고 나의 성장을 도모하는 것이 중요합니다. 물론 우리는 지금 당장 봉사도 할수 있고 선교도 할 수 있습니다. 그러나 제대로 훈련받고 성장하면 훨씬 다른 차원에서 효과적으로 이웃과 세계를 섬길 수 있습니다.

내가 성장하면 그 유익을 우리의 이웃이 누립니다. 부모가 신앙적으로 성숙하고 정서적으로 안정되어 있으면 그 자녀들이 큰복을 누리게 될 것입니다. 물론 미숙한 상태에서도 자녀를 위해열정을 낼 수 있지만, 보다 성숙하고 지혜로운 사람, 하나님의 현존을 보여줄 수 있는 부모가 된다면 자녀에게 끼치는 유익은 클것입니다. 내가 성장에 헌신하면 그 성장의 수혜자는 내 가족, 내이웃, 직장 동료 그리고 온 세상이 될 수 있습니다. 직장에 지혜롭고 따뜻한 선배나 동료가 있을 때 우리가 얼마나 큰 도움과 위안을 받을 수 있습니까?

저는 한 교회의 담임목사로서 저 자신의 영적 성장뿐 아니라균형 잡힌 생활과 전인적 건강 유지가 중요한 사명이라고 생각합니다. 저를 통해 온 교우가 영향을 받지 않겠습니까? 저 또한 목회를 하면서 계속 성장해야 할 사람입니다. 저는 유학 시절에 일흔의 나이를 넘긴 교수님들이 열정적으로 학문에 매진하는 모습을 많이 보았습니다. 어떤 교수님은 은퇴를 하려고 해도 학생들이 매년 한 해만 더 가르쳐 달라고 간청하는 바람에 은퇴 시기가 계속 늦어지고 있다는 말도 들었습니다. 원로급 교수들에 대한 학생들의 기대와 존경은 참으로 인상적이었습니다. 저도 목회자로서 그런 꿈을 꿉니다. 지금은 부족할지라도 은퇴할 때가 되면 모든 면에서 신뢰할 만한 목회자가 되었으면 좋겠습니다. 그리스도인이라면 살아 있는 동안 점점 더 예수님을 닮아갈 수 있습니다. 이런 소원을 가지고 함께 이 꿈을 이루어가는 교회가 되기를 바랍니다.

> 너희는 유혹의 욕심을 따라 썩어져 가는 구습을 따르는 옛 사람을 벗어 버리고 오직 너희의 심령이 새롭게 되어 하나님을 따라 의와 진리의 거룩함으로 지으심을 받은 새 사람을 입으라(엡 4:22-24).

예수님을 알기 전에 살아오던 삶의 관습에서 벗어나 예수님을 주인으로 모신 삶을 살아가는 것이 새 생명을 사는 것입니다. 입양된 아들이 새로운 부모의 삶에 적응하듯 서서히 하나님 자녀답게 되어가는 것이 새 생명 가운데 행하는 삶입니다. 예수님이 약속하신 "풍성한 삶"(요 10:10)이 우리 안에 시작되었다면, 우리가 영생을 얻은 사람이라는 표지입니다. 그리스도인이 세상을 변화시키는 것은 어떤 윤리적 기준을 제시하고 따르라고 큰소리치는 것이 아닙니다. 오늘날과 같은 사회 분위기라면 그저 "너나 잘하세요!"라는 말로 되돌아올 뿐입니다. 각각의 그리스도인이 예수님을 따라 살아간다면, 자연스레 세상에 예수님을 보여주는 공동체가 되고 세상의 소금과 빛으로 살아갈 수 있을 것입니다.

다시 만나는 교회

1. 영생이란 무엇인가

· '영생'은 양적 시간의 문제가 아니라 삶의 질에 관한 문제다.

· 구약성경은 하나님이 가져오실 새 하늘과 새 땅에 대한 기대로 가득 차 있다. 예수님 당시의 유대인들은 이 약속에 따라 새로운 세대가 올 것을 기다렸다. 그래서 "영생"이라고 번역된 단어는 하나님에 의해 시작될 '새 세대에 속한 생명'이라는 말이다.

· 우리 세대는 그리스도의 십자가와 부활로 '새 세대'가 이미 시작되었지만 아직 완성되지 않은 '중간 시대'를 살아간다. 하나님의 뜻을 따르기 싫어하는 이 세대가 아닌 예수 그리스도 안에서 이미 시작된 새 세대를 따라 살아가는 것이 곧 신앙생활이다.

· 세례 받은 사람은 '새 생명' 가운데 살아간다. 질적으로 전혀 다른 새로운 생명이 곧 영생이다.

2. 너희 구원을 이루라

· 구원의 시작이 지옥에 가지 않아도 되는 것이라면(관계의 회복), 구원의 완성은 천국에 어울리는 사람이 되는 것이다(존재의 변화).

· 이러한 구원을 이루도록 하나님이 성장에 대한 소원을 심어 주심으로 '우리 안에서' 일하신다.

3. 성장에 헌신하는 교회

· 교회의 일차 과제는 성장이며 그 중심은 '개인의 영적 성장'이다.

· 개인의 영적 성장은 '전인적 성장'을 가져온다. 예수님의 성장(지적, 육체적, 영적, 사회적)이 성경적 모델이다(눅 2:52).

· '믿음의 공동체'는 성장의 가장 좋은 토양이다. 성장이 일어나는 세 환경은 '예배'와 '경건의 시간'과 '소그룹'이다.

4. 회복을 꿈꾸며

· 신앙 성장을 위해 심는 사람과 물 주는 사람이 필요하지만 자라게 하
  시는 분은 하나님이시다(고전 3:6).

· 구원의 큰 그림에서 중요한 부분은 예수님을 믿은 우리가 예수님을 닮
  아가는 것이다. 하나님은 우리를 창조하셨을 때의 그 아름다운 모습으
  로 회복시켜 주신다.

1. '영생'이라는 말에 대하여 지금까지 어떻게 생각했으며 이번 시간을 통해 새롭게 배운 점은 무엇입니까?(114-117쪽 참조)

   어떤 의미에서 영생을 "예수님을 믿는 순간 시작되는 새로운 생명"이라 말할 수 있습니까? "너희는 이 세대를 본받지 말고"(롬 12:2)라는 말씀과 연결시켜 생각해 봅시다(117-118쪽 참조).

   '이미'와 '아직'의 중간 시대를 살아가고 있다는 사실이 우리의 삶에 어떤 의미를 주는지 나누어 봅시다(117-119쪽 참조).

2. [괄호 넣기] 쉽게 말하면 구원의 시작은 (   )에 가지 않아도 되는 것이고, 구원의 완성은 (   )에 어울리는 사람이 되는 것입니다(120쪽 참조).

3. [괄호 넣기] 성장이 일어나는 세 환경은 (   ), (   ), (   )입니다(125-129쪽 참조).

4. '아무도 혼자 울지 않는 교회'라는 말이 주는 느낌을 나누어 봅시다(128쪽 참조). 소그룹 안에서의 나눔이 왜 중요합니까?(127쪽 참조) 교회를 통해 이루어지는 공동체의 삶에 적극적으로 참여할 계획을 세워 봅시다.

5. "너희 안에서 착한 일을 시작하신 이가 그리스도 예수의 날

까지 이루실 줄을 우리는 확신하노라"(빌 1:6)에서 "착한 일"은 무엇을 말합니까? 아프리카 오지 마을에 추락한 비행기 예화는 이 일을 어떻게 설명해 줍니까?(130-131쪽 참조)

6. 우리 안에 있는 하나님의 형상을 회복하는 일은 하나님이 시작하시고, 또 하나님이 이루어가실 일입니다. 물론 우리가 힘써야 할 일도 있습니다. 하나님이 "우리 안에서" 이 일을 어떻게 이루십니까?(131쪽 참조)

7. 그리스도인은 살아 있는 마지막 순간까지 그리스도를 닮아가며 성숙할 수 있습니다. 신앙생활을 하는 가운데 달라질 나의 모습을 기대하며 꿈을 나누어 봅시다. 3년 후에 나는 어떤 사람이 되어 있으면 좋겠습니까? 함께 나누고 서로 위해서 기도해 봅시다.

과제

1. 누가복음 2:52 말씀을 암송하세요. 자녀를 기르고 있다면 이 말씀으로 매일 축복기도해 주세요. "하나님, 우리 아이가 지혜와 키가 자라고 하나님과 사람들에게 사랑받는 사람으로 자라가게 해주세요"라는 짧은 기도가 큰 복이 됨을 발견할 것입니다.

2. 현재 소그룹에 참여하고 있지 않다면 지금 다니는 교회에 소그룹이 있는지 알아보시기 바랍니다. 교회의 목사님이나 전도사님 혹은 기존 교인들 중 열심히 섬기는 분에게 물어볼 수 있습니다. 누군가가 다가오기를 기대하기보다 먼저 관심을 가지고 적극적으로 다가가는 것은 좋은 습관입니다. 만일 교회에 출석하고 있지 않다면, 주위에 건강한 소그룹이 있는 교회를 찾아보시기 바랍니다. 기억하십시오. 신앙생활은 결코 혼자 할 수 없습니다.

동행 — 현재는 선물이다

마태복음 1장은 예수님의 탄생을 예고하며 예수님의 두 이름을 소개합니다. "아들을 낳으리니 이름을 예수라 하라. 이는 그가 자기 백성을 그들의 죄에서 구원할 자이심이라"(마 1:21)는 말씀에서는 우리를 위해 구원을 베푸시는 하나님 곧 '우리를 위한 하나님'(God for us)이 강조됩니다. 또한 "처녀가 잉태하여 아들을 낳을 것이요 그의 이름은 임마누엘이라 하리라 하셨으니 이를 번역한즉 하나님이 우리와 함께 계시다 함이라"(마 1:23)는 말씀에서는 임마누엘 곧 '우리와 함께하시는 하나님'(God with us)이 강조됩니다. 이 둘은 구원의 두 가지 면을 압축적으로 보여줍니다. 물에 빠진 사람이 자신의 머리를 스스로 잡아당겨 건짐받을 수 없듯이, 우리 밖에서 우리를 위해 구원을 베푸시는 분은 하나님이십니다. 또한 구원은 하나님이 우리와 함께하신다는 측면에서 볼 수 있습니다.

예수
God for us
하나님이
우리를 위하신다.

임마누엘
God with us
하나님이
우리와 함께하신다.

복음의 핵심은 하나님이 그리스도를 통해 우리를 위하여 하신 일입니다. 그러나 그것이 전부는 아닙니다. "하나님이 우리를 위해 일하셨다. 그래서 우리는 천국에 간다"는 정도만 알고 있으면, 구원 이후의 삶의 의미를 찾기가 쉽지 않습니다. "우리도 하나님을 위해서 살아야 된다", "구원받은 사람으로서 선하게 살아야 한다"는 의무감을 강조하는 정도에 머뭅니다. 신앙과 윤리가 연결되지 않고 단절되는 현상이 생깁니다. 이 문제를 고민하면서 "아직 우리의 구원이 확정된 것이 아니므로 제대로 살아야 한다"고 구원의 미래성을 강화하여 겁을 주는 방식으로 윤리를 강화하려는 것은 잘못된 방법입니다. 인간은 바로 오늘을 사는 존재이기 때문입니다.

이 전체가 'God for us'의 측면에만 묶여 있는 사고입니다. 구원의 진면목은 'God with us' 곧 하나님이 우리와 함께하신다는 것을 포괄할 때 회복될 수 있습니다. 현재의 삶을 제대로 사는 것이 중요하다면, 우리는 구원의 현재성을 더욱 강조해야 합니다. 성경은 우리 미래의 구원을 확언할 뿐 아니라(롬 8장), 장차 우리를 구원하실 하나님이 지금 현재의 삶에도 함께하심을 확언합니다.

하나님이 가장 기뻐하시는 것은 우리와 함께하는 것입니다. 명절이나 생일 때 부모를 위해 선물을 보내는 자녀보다 부모와 함께 시간을 보내는 자녀를 부모는 더욱 기뻐합니다. 저는 이민 사회에서 목회할 때 그런 모습을 자주 지켜보았습니다. 자녀들 중에는 성공해서 전문직에 진출한 이들이 있는가 하면, 부모 곁에서 작은 사업을 꾸리며 살고 있는 이들도 있습니다. 처음에는 부모들이 성공한 자녀 이야기를 자주 합니다. 그러나 시간이 지나면서 그 이야기는 점차 줄어듭니다. 멀리 살기 때문에 일 년에 얼굴 한 번 보기가 힘들고, 자녀가 바쁠까 봐 전화도 잘 못 하기 때문입니다. 그런 분들 가운데 "목사님, 의사도 변호사도 다 소용없어요. 부모 곁에 있는 자녀가 최고예요" 하시는 분들이 많았습니다. 하나님도 마찬가지입니다.

데살로니가전서에도 "위하여"와 "함께"가 나란히 등장합니다.

예수께서 우리를 위하여 죽으사 우리로 하여금 깨어 있든지 자든지 자기와 함께 살게 하려 하셨느니라(살전 5:10).

예수님이 우리를 위하여 죽으셨는데, 그 목적이 우리와 함께 살기 위해서라는 말입니다. "깨어 있든지 자든지"는 중의적 표현입니다. '밤낮으로', '언제나'라는 뜻이지만, '죽든지 살든지'라는 의미도 있습니다. 성경과 유대 전통에서는 '죽다'를 '자다'로 표현하는 것이 일반적이기 때문입니다. 이 이중 표현에서 기독교 신앙의 두 핵심이 만납니다.

예수님이 우리를 위하여 죽으셨기 때문에 우리가 죽어도 천국 간다는 내세 지향의 신앙과 지금 이 땅의 삶에서 하나님과 언제나 함께한다는 일상의 삶이 한 표현 안에서 만나는 것입니다. 즉 사도 바울에게 내세에 대한 소망과 일상의 삶은 언제나 하나였습니다. 첫 시간에 살펴보았던 "우리가 보고 들은 바를 너희에게도 전함은 너희로 우리와 사귐이 있게 하려 함이니 우리의 사귐은 아버지와 그의 아들 예수 그리스도와 더불어 누림이라"(요일 1:3)는 말씀에 적용하면, 전도는 'God for us'이고 사귐은 'God with us'라 할 수 있습니다.

마가복음 3장에는 예수님이 제자들을 부르시는 대목이 나옵니다.

> 또 산에 오르사 자기가 원하는 자들을 부르시니 나아온지라. 이에 열둘을 세우셨으니 이는 자기와 함께 있게 하시고 또 보내사 전도도 하며 귀신을 내쫓는 권능도 가지게 하려 하심이러라(막 3:13-15).

예수님이 제자들을 부르신 첫 번째 목적도 자기와 함께 있게 하시기 위해서입니다. 전도와 하나님 나라를 증언하는 사역도 중요하지만, 무엇보다 중요한 것은 예수님과 함께하는 삶입니다. 예수님과 함께하는 삶이 제자훈련의 전부라 해도 과언이 아닙니다. 하나님 나라를 향한 열정도, 윤리적 삶도 예수님과 함께하는 삶에서 나옵니다. 우리가 하나님을 위해서 대단한 일을 하는 것보다 매일 평범한 일상의 삶을 하나님과 함께 살아가는 것이 중요합니다.

하나님과 함께 살지 않은 채 하나님을 위해 사는 것은 불가능합니다. 하나님과 함께하는 삶을 통해 우리는 기쁨을 누리고, 하나님이 원하시는 삶을 살아갈 힘을 얻습니다. 하나님을 위하는 가장 좋은 방법 역시 하나님을 위해 시간을 내는 것입니다. 영화 「천문」은 세종대왕과 노비 출신 과학자 장영실의 우정을 담은 이야기입니다. 세종은 조선의 절기를 알아낸 것을 크게 기뻐하며 장영실에게 원하는 바를 묻습니다. 그가 "제 소원은 항상 전하 곁에 있는 것이옵니다"라고 하자, 세종은 껄껄 웃으며 "그건 네가 나에게 주는 상 같구나"라고 화답합니다. 두 사람의 마음이 통했다는 점에서 그들은 행복한 사람입니다. 참다운 우정의 기쁨을 모르는 사람은 이것을 이해할 수 없을 것입니다. 예수님은 우리를 친구라 하셨습니다(요 15:13-15). 친구는 사업을 논하거나 정보를 얻거나 하는 목적이 없어도 함께 있는 것 자체로 기뻐하는 사이를 말합니다. 하나님은 우리와 함께하는 것을 기뻐하십니다.

세상에서 가장 중요한 순간

톨스토이의 소설 중에 『세 가지 질문』이라는 소설이 있습니다. 이 소설 서두에 한 왕이 다음과 같은 질문을 던집니다.[1] "세상에서 가장 중요한 순간은 언제이고, 세상에서 가장 중요한 사람은 누구이며, 세상에서 가장 중요한 일은 무엇인가?" 이 질문에 대한 답을 얻기 위해 왕은 한 현자를 찾아가지만, 그 현자는 왕에게 어떠한 대답도 해주지 않습니다. 실망감을 안고 성으로 돌아가려는데, 현자의 집 앞에 큰 나무들이 쌓여 있는 것이 보입니다. '장작을 패야 이 연로하신 분이 겨울을 나실 것 아닌가' 하는 마음에 왕은 팔을 걷어붙이고 장작을 패기 시작합니다. 온몸이 땀에 흠뻑 젖을 정도로 열심히 장작을 패고 나서 성으로 돌아가려는데, 저쪽에서 칼에 베인 한 사람이 절뚝거리며 걸어옵니다. 왕은 다친 그를 외면할 수 없어서 간단히 치료해 주고 성으로 향합니다. 나중에 왕은 자신이 치료해 준 사람이 사실 자신을 시해하려던 자객이었고, 왕이 현자의 집에서 장작을 패며 시간을 지체하는 바람에 길이 잇갈려 암살 기회를 놓치고, 왕의 군사들에게 상처를 입고 현자의 집으로 피신했던 것임을 알게 됩니다. 결국 자신을 죽이려 했던 사람을 치료해 준 것입니다. 왕이 마지막으로 현자에게 가서 물으니 현자가 이렇게 대답합니다. "세상에서 가장 중요한 순간은 바로 지금이오. 또한 가장 중요한 사람은 지금 당신과 함께 있는 사람이오. 그리고 가장 중요한 일은 함께 있는 그 사람에게 선을 행하는 것이오."

예수님은 아직 다가오지 않은 내일 일로 염려하지 말라고 하셨습니다.

> 그런즉 너희는 먼저 그의 나라와 그의 의를 구하라. 그리하면 이 모든 것을 너희에게 더하시리라. 그러므로 내일 일을 위하여 염려하지 말라. 내일 일은 내일이 염려할 것이요 한 날의 괴로움은 그날로 족하니라(마 6:33-34).

우리가 염려하는 일의 대부분은 미리 염려해 봐야 소용없는 일입니다. 다가오지 않은 내일에 대한 염려는 오늘을 충만하게 살지 못하도록 만듭니다. 그날, 그 순간에 집중해야 할 일이 있고, 그 순간에만 느낄 수 있는 기쁨과 아름다움이 있습니다. 어떤 사람은 직장에 출근해서 가정일을 걱정하고, 집에 와서 가족과 있을 때는 직장일을 걱정합니다. 직장 때문에 집에서 짜증내고, 집안 걱정 때문에 직장 가서는 일을 제대로 못 하니 인생이 헛바퀴처럼 돕니다. 가족이 아무리 소중해도 일할 때는 일에 집중할 수 있어야 합니다. 직장이나 사업 가운데 큰일을 앞두고 있더라도 그 일에 압도되지 않고 가족과 저녁을 먹으며 자녀 이야기에 귀 기울여 줄 수 있다면 그 사람은 행복한 사람일 것입니다. 그래서 우리에게 행복한 날이 있다고 한다면 평범한 하루하루입니다.

불행한 사람의 행복은 늘 과거형입니다. "그때 참 행복했었는데……"라고 입버릇처럼 말합니다. 그러나 10년 전에 행복했다는 사람은 아마 10년 후에는 오늘을 회상하며 "어휴, 그래도 그때가 좋았는데……"라고 말할 것입니다. 늘 과거만 행복하고 지금은 불행합니다. 실제로 사람들의 삶은 비슷비슷한 과정을 겪습니다. 불행한 사람들의 공통된 특징은 지나고 나서야 그 행복을 안다는 것입니다.

몇 년 전부터 '소확행'(소소하지만 확실한 행복의 줄임말)이라는 신조어가 유행입니다. 이 말에 약간의 부작용도 있지만 나름대로 중요한 통찰이 담겨 있습니다. 우리는 소소한 행복에 대한 감각이 많이 무디어져 있습니다. 간증을 하면 극적인 스토리가 대부분입니다. 땅을 샀는데 몇 배로 오르는가 하면, 벼락 승진을 경험하기도 하고, 아주 심각한 병에 걸렸다가 극적으로 치유되기도 합니다. 이렇게 강한 스토리에 많이 노출되어 있는 사람은 하나님을 그런 스토리 안에서만 찾는 경향이 굳어 있습니다. 음식도 너무 강한 양념에 익숙해지면 담백하고 정갈한 음식에는 반응을 잘 못 합니다. 매운맛, 짠맛에 중독된 사람은 진짜 맛있는 것을 잘 못 느낍니다. 우리 신앙의 입맛이 그렇게 되어 있는지도 모르겠습니다. 물론 하나님이 우리에게 사업의 성공을 주시기도 하고 난치병 환자를 고쳐 주시기도 하지만, 그런 극적인 일을 통해서만 하나님의 일하심을 찾으려 한다면 결국 빈곤하게 살 수밖에 없습니다.

구글 회장 에릭 슈미트는 2009년 펜실베이니아 대학교 졸업식에서 이런 말을 했습니다. "컴퓨터와 휴대전화도 끄십시오. 그러면 주위에 사람들이 있다는 것을 발견하게 될 것입니다. 첫발을 떼는 손자, 손녀의 손을 잡아 주는 것보다 더 소중한 순간은 이 세상에 없습니다." IT 업계의 선두주자가 이런 말을 했다는 것이 참으로 아이러니합니다. 자신이 인생에서 이룬 그 어떤 큰 업적이나 화려한 성취도 손자, 손녀의 손을 잡아 주는 기쁨과 맞바꿀 수 없다는 고백입니다. 우리는 가족 간의 평범한 대화, 창문으로 비껴 들어오는 봄 햇살의 따스함, 나무 그늘이 우거진 길을 걷는 상쾌함, 분위기 있는 카페에서 커피 한잔을 마시는 여유에서 삶의 아름다움을 느낄 수 있어야 합니다. 그러한 마음이 없으면 하나님이 늘 탄탄대로를 달리게 하셔도 인간은 행복할 수 없습니다.

하나님의 임재에 대한 감각

창세기에서 야곱은 아버지의 집을 떠나 광야에서 돌베개를 베고 잠을 자야 했던 밤에 하나님이 그와 함께 계심을 경험했습니다. "야곱이 잠이 깨어 이르되 여호와께서 과연 여기 계시거늘 내가 알지 못하였도다"(창 28:16). 하나님이 계실 줄 전혀 예상하지 못한 환경에서 하나님의 함께하심을 경험한 것은 그의 신앙의 한 분수령을 이룹니다. 이런 하나님 임재 의식으로 충만한 예를 우리는 예수님에게서 볼 수 있습니다. 예수님은 "공중의 새를 보라. 심지도 않고 거두지도 않고 창고에 모아들이지도 아니하되 너희 하늘 아버지께서 기르시나니"(마 6:26) 하시면서 하나님의 돌보심을 말씀하셨습니다. 누구나 만나는 일상의 평범한 대상들이지만, 예수님은 그 속에서 하나님의 임재를 경험하고, 그 임재를 통해 하나님의 돌보심을 신뢰하신 것입니다.

앞에서 살펴본 "깨어 있든지 자든지 자기와 함께 살게 하려 하셨느니라"(살전 5:10)는 말씀에서 조금 더 읽어가다 보면 "항상 기뻐하라. 쉬지 말고 기도하라. 범사에 감사하라"(살전 5:16-18)는 말씀을 만납니다. 이것을 윤리적 요구로 읽으면 큰 부담이 됩니다. '어떻게 모든 순간에 기뻐하고 기도하며 감사할 수 있을까'라고 생각하면 참으로 난감한 일이 아닐 수 없습니다. 그렇지만 이 말씀을 "깨어 있든지 자든지 주님과 함께"라는 맥락에서 읽으면 상황은 달라집니다. 모든 순간에 기뻐하지 못할 수 있지만, 우리는 매 순간 주님이 나와 함께하심을 의식하며 살려고 노력할 수 있습니다. 혹 슬픈 일이 찾아오더라도 내가 주님 안에 있음을 기억하십시오. 슬픔도 외로움도 주님 안에서 경험한다면, 우리는 주님이 주시는 기쁨과 위로를 만날 수 있습니다. "쉬지 말고 기도하라"는 말이 어렵게 느껴지면, 쉬지 않고 근심하는 상태를 생각해 보십시오. 걱정이 있으면 밥을 먹다가도, 운전을 하다가도, 일을 하다가도 근심이 찾아옴을 느낍니다. 그때마다 주님이 나와 함께 계심을 기억하고 근심을 주님 앞으로 가져가면, 하나님의 함께하심을 보다 깊이 경험할 수 있습니다.

공동체를 통한 동행

마태복음 1장에서 임마누엘은 예수님의 탄생과 관련되어 있습니다. 아기 예수님이 우리에게 오신 것은 하나님이 우리를 버려두지 않으시고 찾아와 함께하신다는 표징입니다. 부활 후에 예수님이 제자들을 찾아오신 것도 그들과 함께하시겠다는 약속을 지키신 것입니다. 성탄절도 부활절도 임마누엘이 핵심입니다.

마태복음 마지막 장에서 예수님은 지상에서의 마지막 명령을 내립니다.

> 하늘과 땅의 모든 권세를 내게 주셨으니 그러므로 너희는 가서 모든 민족을 제자로 삼아 아버지와 아들과 성령의 이름으로 세례를 베풀고 내가 너희에게 분부한 모든 것을 가르쳐 지키게 하라. 볼지어다. 내가 세상 끝날까지 너희와 항상 함께 있으리라(마 28:18-19).

지상명령 곧 예수님의 가장 중요한 명령이라는 별명이 붙은 이 당부도 예수님이 함께하시리라는 약속과 함께 주어집니다. 예수님과 함께하는 삶 없이 그분의 일에 헌신할 수 없다는 사실을 다시 한번 확인하는 맥락입니다.

마태복음 중간에 "두세 사람이 내 이름으로 모인 곳에는 나도 그들 중에 있느니라"(마 18:20)는 말씀 역시 임마누엘의 약속입니다. 예수님은 그리스도인이 자신의 이름으로 모인 자리에 함께하겠다고 약속하셨습니다. 하나님은 각 개인의 삶에도 함께하시지만 **공동체** 가운데도 함께하십니다. 우리는 믿음의 공동체를 통해 하나님의 임재를 풍성하게 누릴 수 있습니다. 교회의 공예배에 참여할 때, 미리 마음으로 준비하고 하나님의 임재를 사모하십시오. 찬양을 할 때, 하나님이 내 목소리를 듣고 계신다는 확신으로 임하십시오. 대표기도를 들으며 함께 기도할 때, 또 개인적으로 침묵 가운데 기도할 때, 하나님 앞에 솔직한 마음을 드리고자 노력하십시오. 미리 설교자를 위해서 기도하고, 말씀 가운데 찾아오실 하나님을 사모하십시오. 하나님과 동행하는 삶의 중심은 주일의 공예배입니다. 또한 소그룹 모임을 통해 우리는 함께 하나님의 임재를 누릴 수 있습니다.

경건의 시간 갖기

공동체 안에서 하나님의 임재를 누리는 것과 개인의 삶에서 하나님의 임재 안에 거하는 것은 상호보완적입니다. 공예배의 은혜를 간직하면서 일상의 예배를 계속하십시오. 현대사회는 매우 분주하여 우리에게 조용한 시간을 좀처럼 허락하지 않습니다. 파스칼은 "인간의 모든 불행은 조용한 방에 앉아 휴식할 줄 모르는 데서 온다"고 했습니다.

　정기적으로 경건의 시간을 가지십시오. 매일 삼십 분 정도 갖는 것이 좋습니다. 시간이 허락하지 않으면 십오 분이라도 가지십시오. 언제나 하나님과 동행하기 위해서 특별히 하나님과 함께하는 시간을 떼어 놓는 것이 필요합니다.

　경건의 시간은 성경을 공부하는 시간도 아니고, 나만의 시간도 아닙니다. 큐티(Quiet Time)라는 말이 의미하는 바와 같이 조용하고 내밀한 시간과 장소에서 말씀과 기도로 하나님과 함께하는 시간입니다. 하나님과 만나 소통하는 시간입니다. 외국어를 배울 때 우리가 네 가지 영역 곧 말하기, 듣기, 읽기, 쓰기를 중심으로 익히듯 큐티도 이 네 가지로 구성됩니다.

　첫째, 말하기입니다. 성경을 펼치기 전에 잠시 기도합니다. 큐티는 성경의 문자 자체를 공부하는 것이 아니라 그 문자를 통해 말씀하시는 하나님을 기대하는 것이기 때문에 먼저 하나님께 짧게 함께해 달라고 부탁드리는 것입니다. "내 눈을 열어서 주의 율법에서 놀라운 것을 보게 하소서"(시 119:18)와 같은 말씀은 큐티를 시작하는 좋은 기도입니다. 어린 사무엘이 하나님의 부름을 받고 드렸던 "말씀하옵소서. 주의 종이 듣겠나이다"(삼상 3:10)라는 기도를 나의 기도로 삼아 드려도 좋습니다. 저는 큐티를 처음 배울 때 이 두 말씀을 책상 앞에 써 붙여 놓았습니다.

　둘째, 읽기입니다. 성경본문을 천천히 읽습니다. 아무렇게나 본문을 정해서 읽기보다는 일정한 읽기표가 있으면 좋고, 큐티 교재를 활용하는 것도 좋습니다. 교회에서 한 가지를 정하여 소개하고 있다면 함께하는 것이 유익할 것입니다. 「개역개정」, 「새번역」 등 성경의 여러 번역을 비교하여 읽거나 영어로 읽어 보는 것도 좋습니다. 눈에 띄는 단어나 어구에 집중해 보아도 좋고, 전체 맥락에서 무슨 내용을 말하는지 생각해 보아도 좋습니다. 이는 자연스레 묵상으로 이어집니다.

셋째, 듣기입니다. 소가 음식을 먹고 되새김질하듯 말씀을 묵상합니다. 하나님이 내게 주시는 음성에 귀 기울인다는 의미에서 귀한 시간이지만 기계적으로 적용점을 이끌어 내야 한다는 부담을 가질 필요는 없습니다. 이 시간에 성경을 천천히 소리 내어 몇 번씩 읽는 것도 좋은 방법입니다. 구약에서 '묵상하다'라고 번역된 단어는 낮은 소리로 읊조린다는 뜻입니다. 본문을 서너 번 낮은 소리로 읊조리기만 해도 훌륭한 묵상입니다.

넷째, 쓰기입니다. 사람은 무언가를 쓸 때 사고가 촉진되고 묵상이 깊어집니다. 본문을 요약해도 좋고, 성경본문에 대한 질문을 적어도 좋고, 떠오르는 감상을 자유롭게 서술해도 좋습니다. 때로 하나님께 편지를 쓰거나 시를 써 보고 싶을 때도 있을 것입니다. 본문을 정리하여 표나 그림으로 표현해 보는 것도 가능합니다. 별로 쓸 내용이 없을 때는 그날 본문 중 한 절을 그대로 옮겨 쓰고 큐티를 마쳐도 좋습니다. 제가 아는 어떤 권사님은 교회에서 큐티를 하라고 하는데 제대로 할 자신이 없어서 매일 본문을 노트에 옮겨 쓰기만 하셨다고 합니다. 이 습관이 계속되다 보니 마음의 평화가 생기고 묵상이 깊어졌다고 합니다.

마지막으로, 말하기입니다. 큐티는 기도에서 시작해서 기도로 마칩니다. 먼저 그날 주신 말씀에 대해 응답하는 것이 중요합니다. 성경을 읽다가 떠오른 기도제목을 놓고 기도하는 것입니다. 그리고 그 밖에 기도해야 할 제목들을 놓고 기도합니다. 이때 하루의 스케줄을 잠시 들여다보며 모든 일 가운데 함께하시기를 구하고, 그날 만날 사람들을 위해서 기도하는 것도 좋습니다. 마지막으로 경건의 시간 가운데 함께해 주신 하나님께 감사드리고 하루의 삶을 하나님께 의탁하는 것으로 마칩니다. 큐티의 시작은 30분을 하나님께 맡기는 것이고, 큐티의 마침은 하루의 삶을 맡기는 것입니다.

말하기-읽기-듣기-쓰기-말하기의 순서를 말씀드렸습니다만, 이것은 기본 원칙이고 실제로는 이 순서가 뒤섞여서 진행될 수 있습니다. 쓰다가 다시 읽고, 기도하면서 또 읽고 쓰게 될 수 있습니다. 자유롭게 하되, 기본적인 틀에 익숙해지는 것이 필요합니다.

처음 만난 두 사람이 갑자기 친해질 수 없듯이, 큐티에 익숙해지기까지는 어느 정도 시간과 노력이 필요합니다. 가급적이면 구체적인 시간과 장소를 미리 정해 놓고 시작하십시오. 가족에게 알려서 배려를 구하거나 도움을 받아도 좋습니다. 30분 동안 하기로 정했으면 스톱워치를 미리 맞추어 놓고 하는 것도 도움이 됩니다.

큐티를 하면서 마음에 와 닿았던 한 마디 말씀을 하루 종일 틈날 때마다 묵상하는 것도 좋습니다. "평안을 너희에게 주노라"(요 14:27)는 말씀이 마음에 와 닿았다면, 하루 종일 그 말씀을 마음에 품고 틈날 때마다 떠올려 보는 것입니다. 그러면 하나님의 인도하심 가운데 생생한 은혜를 누릴 수 있을 것입니다

주님과 함께하는 하루

우리의 하루는 언제 시작될까요? 잠에서 깰 때일까요? 출근해서 일을 시작할 때일까요? 24시간의 하루는 자정에 시작된다고도 할 수 있을 것입니다. 여기서 알 수 있는 것은 하루의 시작이라는 시점이 자명한 것이 아니라 문화에 따라 다를 수 있다는 사실입니다. 창세기는 "저녁이 되고 아침이 되니 이는 첫째 날이니라"(창 1:5)고 말합니다. 유대인의 안식일은 토요일이라고 알려져 있습니다. 정확하게 말하면, 금요일 해가 지는 시각부터 토요일 해가 지는 시각까지입니다. 즉 구약의 하루는 저녁부터 저녁까지입니다. 이 사실은 우리에게 무엇을 말해 줄까요? 『메시지』의 저자인 유진 피터슨이 이런 말을 했습니다.

밤이 하루의 시작이라는 사실은 우리의 삶이 우리 자신에게 달려 있지 않음을 상기시켜 준다. 우리는 잠자리에 들지만, 하나님은 밤에도 일하신다. 그래서 우리는 염려하거나 쫓길 필요가 없

다. 우리는 아침에 일어나서 그분이 이미 시작하신 일에 동참하기만 하면 되는 것이다.[2]

하루가 저녁에 시작한다는 시각은 우리를 겸손하게 할 뿐 아니라 모든 것이 하나님의 손에 달려 있다는 것을 가르쳐 줍니다. 시편 3편은 다윗이 그의 아들 압살롬을 피할 때 지은 시입니다. 아들이 자신의 목에 칼을 겨누고 있고, 지금까지 자신을 향해 "충성을 다하겠습니다. 왕이 최고이십니다" 하던 신하들마저 등을 돌린 상황입니다. 우리 인생에도 이와 비슷한 때가 있습니다. 하루아침에 부도를 맞이할 수도 있고, 암에 걸렸다는 판정을 받을 수도 있습니다. 그러한 날에 잠이 오겠습니까?

> 여호와여, 나의 대적이 어찌 그리 많은지요. 일어나 나를 치는 자가 많으니이다.……내가 누워 자고 깨었으니 여호와께서 나를 붙드심이로다(시 3:1, 5).

이 구절을 보고 어떤 생각이 드십니까? "아니, 이 상황에서 잠이 올까?" 하는 분들도 있을 것입니다. 그런데 사실 정말 위급한 상황이라면 잠이라도 잘 자야 합니다. 그래야 다음 날에 제대로 대책을 마련할 수 있습니다. 믿음의 사람 다윗의 위대함은 이런 상황에서도 잘 수 있었다는 점에서 나타납니다. 예수님도 풍랑 한가운데서 주무셨습니다(마 8:24). 성경이 이 대목을 굳이 기록하고 있는 이유가 있을 것입니다. 다윗이 이 시를 쓰면서 왜 굳이 "내가 누워 자고 깨었으니"라는 말을 했을까요? 잠자리에 들 때는 근심이 가득해도, 주님께 맡기고 자고 일어날 때 하나님이 새로운 소망, 현실에 맞설 힘을 주실 것을 알았기 때문입니다. 이어지는 "천만인이 나를 에워싸 진 친다 하여도 나는 두려워하지 아니하리이다"(시 3:6)라는 고백은 하나님께 맡기고 잔 사람이 가질 수 있는 담대합니다.

하루가 저녁에 시작한다는 통찰을 우리 삶에 적용하면, 멋진 하루를 위해 우리는 저녁 시간을 잘 보내야 됩니다. 사도 바울은 "분을 내어도 죄를 짓지 말며 해가 지도록 분을 품지 말고"(엡 4:26)라고 말합니다. 우리는 하루 종일 몸에 쌓인 노폐물을 씻어내기 위해 자기 전에 세수를 하고 샤워를 합니다. 우리 영혼에도 샤워가 필요합니다. 해가 지도록 분을 품지 말라는 것은, 온갖 부정적인 감정과 스트레스로 영혼이 더럽혀진 채로 잠자리에 들지 말라는 것입니다. 잠들기 직전까지 일을 하거나 텔레비전이나 핸드폰을 보는 이들이 있습니다. 이것은 영적으로 좋지 않은 습관입니다. 잠들기 30분 전에는 모든 분주한 일을 내려놓고 차분하게 하루를 정리하는 것이 좋습니다. 이 시간에 큐티를 해도 좋습니다. 아침에 큐티를 하는 이들은 간단하게 기도하고 하루를 돌아보십시오. 이것이 곧 '영혼의 샤워'입니다. 주님과 함께 잠들고, 주님과 함께 깨어 활기찬 하루를 시작하면 좋겠습니다. 『성공회 기도서』에 나오는 기도처럼 "깨어 있는 동안 주님과 함께하고, 잠들 때 평안한 안식을 누리기" 바랍니다.

저녁에 내 삶을 주님께 맡기고 잠자리에 드는 습관이 몸에 익으면 우리 마음도 점점 평안을 누릴 수 있습니다. 아침을 맞는 자세도 달라질 수 있습니다.

주께서 아침 되는 것과 저녁 되는 것을 즐거워하게 하시며(시 65:8).

다윗이 반역자들과의 결전을 앞둔 한 날을 담대함으로 시작했던 것처럼, 우리도 하루를 즐거워하며 시작할 수 있습니다. 성경에서 가장 비통한 책은 나라의 멸망을 애통해하는 예레미야 애가입니다. 애가 중간에 이런 구절이 나옵니다.

여호와의 인자와 긍휼이 무궁하시므로 우리가 진멸되지 아니함이니이다. 이것들이 아침마다 새로우니 주의 성실하심이 크시도소이다(애 3:22-23).

「오 신실하신 주」(새찬송가 393장)라는 찬송이 여기서 나왔습니다. "날마다 자비를 베푸시며"라는 가사가 영어로는 "morning by morning new mercies I see"입니다. 매일 아침 새로운 자비를 경험하는 삶, 힘든 삶의 여정 가운데 하나님의 신실하심을 경험한 신앙의 선배들의 고백이 담겨 있습니다. 물론 현대인의 아침 시간은 대체로 분주합니다. 미처 풀리지 않는 피로로 몸이 무거울 수도 있고, 그날 일에 대한 부담으로 마음이 무거울 수도 있습니다. 하지만 하나님과 동행하는 사람은 매일 아침을 새로운 자비로 맞이할 수 있습니다.

출근해서 일하는 시간이나 학교에서 공부하는 시간도 소중합니다. 몇 년 전부터 워라밸(work and life balance의 줄임말)이라는 신조어가 시대적 화두로 떠오르고 있습니다. 너무 일에만 몰두하거나 직업에서의 성공을 좇지 말고, 삶의 균형을 찾자는 좋은 의도가 담겨 있습니다. 그러나 이 말이 담고 있는 세계관에는 문제가 있습니다. 워라밸이 말하는 균형이란 다음과 같습니다.

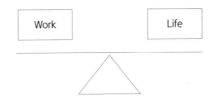

여기서 말하는 삶(life)이란 우리 생활에서 직장에 가서 일하는 시간을 뺀 부분을 말합니다. 여기에는 직장생활은 어차피 고달프고 불만족스러울 수밖에 없으니 퇴근 후 혹은 주말이나 휴가를 통해 보상받자는 생각이 전제되어 있습니다.

다음의 그림이 좀 더 정확하고 건강한 이해일 수 있습니다.

　심리학자 미하이 칙센트미하이는 사람들이 언제 행복을 느끼는지에 대해서 방대한 연구를 했습니다. 그 결과, 여가는 인간을 즐겁게 하고 일은 인간을 힘들게 한다는 고정관념이 잘못되었음을 밝혀냈습니다. 여가 활동 중에도 어느 정도 에너지를 들여 집중해야 하는 활동이 행복도를 증진시키는가 하면, 시간이 가는 줄도 모르고 집중해서 일을 할 때 인간은 굉장한 행복감을 느낀다는 것입니다. 외과 의사가 수술을 하거나, 상담가가 내담자를 앞에 놓고 피가 마르는 상담을 하면서, 혹은 친구들과 대화를 나눌 때나 엄마가 아기와 놀 때 이런 경험을 하는 경우가 많다고 합니다. 그 순간에는 자신이 행복한지 의식하지 못할 수도 있지만, 이런 경험들이 삶을 풍요롭게 가꾸어 준다는 것입니다. 칙센트미하이는 "삶이 고조되는 순간에 물 흐르듯 행동이 자연스럽게 이루어지는 느낌"을 '몰입'(flow)이라 불렀습니다. 그는 운동선수, 예술가, 종교인 등이 각각 다른 활동을 하면서 몰입 상태에 도달하지만, 그들이 그 순간의 경험을 묘사하는 방식은 놀라우리만큼 비슷하다고 말합니다.[3] 여가는 즐거움, 일은 괴로움이라는 아리스토텔레스 이래의 강고한 도식을 무너뜨린 연구입니다. 평균적인 인간의 삶이 30퍼센트의 잠과 20퍼센트의 여가 활동, 50퍼센트의 일로 이루어진다고 할 때, 절반 이상에 해당하는 일을 배제하고 20퍼센트 미만의 여가 활동에서 즐거움을 찾는다는 것은 현실적이지 않습니다.

이러한 이해는 성경적인 노동관과도 궤를 같이합니다. 많은 그리스도인들이 노동은 저주의 결과라고 말합니다. 인간이 노동을 좋아할 수 없게 된 것은 저주의 결과이지만 일 자체가 저주는 아닙니다. 죄의 영향은 일과 직장의 의사결정구조나 문화, 분배의 방식 등 일과 관련된 모든 부분에 얽혀 있습니다. 여기에는 맘몬을 숭배하는 마음, 사람보다 돈을 더 중요시하는 태도, 능률을 위해 사람을 이용하거나 희생시키는 문화 등이 섞여 있습니다.

그러나 그리스도의 은혜로 구원받는 그리스도인은 일의 영역에서도 창조의 아름다움을 회복하시는 하나님을 신뢰합니다. 예수님은 병자를 고치신 뒤에 "내 아버지께서 이제까지 일하시니 나도 일한다"(요 5:17)고 말씀하셨습니다. 예수님의 일은 하나님의 창조의 아름다움을 회복하는 일이었습니다. '일과 영성'에 대한 보다 체계적인 공부가 필요하겠지만,[4] 주님과 동행하는 하루를 소망하면서 일을 그 영역에서 제외시키는 것이 옳지 않다는 사실만큼은 분명히 알고 있어야 합니다. 주님은 우리의 삶을 총체적으로 회복시키시며, 일은 그 회복에서 중요한 영역입니다.

우리가 일하는 현장에 복이 깃들려면 쉼을 소중히 여겨야 합니다. 워라밸을 부르짖는 현대 직장인들의 아우성을 귀담아들어야 하는 대목입니다. 나의 몸과 정서 그리고 관계를 소중히 여기는 사람은 쉼의 중요성을 압니다.

> 수고하고 무거운 짐 진 자들아, 다 내게로 오라. 내가 너희를 쉬
> 게 하리라. 나는 마음이 온유하고 겸손하니 나의 멍에를 메고 내
> 게 배우라. 그리하면 너희 마음이 쉼을 얻으리니 이는 내 멍에는
> 쉽고 내 짐은 가벼움이라(마 11 : 28-30).

○

이제 다섯 번째 강의를 마무리하겠습니다. 교부 아우구스티
누스는 철학의 역사에서 시간에 대한 진지한 성찰을 한 첫 번째
인물로 꼽힙니다. 그는 과거와 미래에 관해서 "과거는 이미 흘러
가고 없는 것이며, 미래는 아직 오지 않았기에 역시 없는 것이다"
라고 했습니다. "언제 줄 거예요?"라는 말에 "내일 줄게, 내일은
꼭 줄게"라고 대답해 놓고, 다음날 찾아와 달라고 하면 "내일 준
다고 했잖아!"라고 한다는 해묵은 농담이 결코 농담만은 아닐 수
있습니다. 내일이라는 시간을 우리가 살 날은 결코 없습니다. 또
다른 오늘이 있을 뿐입니다. 그래서 아우구스티누스는 과거는 기
억할 뿐이고 미래는 기대할 뿐이며 우리가 사는 것은 언제나 현
재라고 하면서 "엄밀한 의미에서 세 개의 시간은 과거의 것에 관
한 현재, 현재의 것에 관한 현재, 미래의 것에 관한 현재다"라고
말합니다.[5]

영화 『어바웃 타임』은 아우구스티누스의 통찰을 현실적으로

보여줍니다. 주인공 팀은 스물한 살이 되던 해에 한 가지 비밀을 알게 됩니다. 자신의 집안 남자들이 대대로 과거로 되돌아갈 수 있는 능력을 가졌다는 것입니다. 이 능력을 이용하여 팀은 과거로 돌아가 사랑하는 여인과 결혼하는 데 성공합니다. 이미 다른 남자친구가 생긴 여인인데 그 이전으로 돌아가서 접근하는 것이지요. 이런 능력을 사용하여 파탄이 난 여동생의 결혼도 되돌립니다. 그런데 하나를 되돌리니 다른 하나가 엉켜 있습니다. 여동생을 잘못된 결혼으로부터 구하고 현재로 돌아오니, 사랑하는 딸이 없어지고 아들로 바뀌어 있더라는 식입니다.

이런 과정을 거쳐 팀은 시간과 인생에 대해서 하나씩 배워 갑니다. 우리가 사는 모든 평범한 날은 사실 우리가 함께 시간 여행을 하는 날들입니다. 우리가 할 수 있는 것은 최선을 다하여 이 멋진 순간들을 음미하는 것입니다. 결국 시간이 지나고 나면 우리가 가장 그리워할 것은 평범한 하루일 것입니다. 그러한 깨달음을 다음과 같이 정리해 보았습니다.

> 지금 이 순간에 온전히 충실하십시오. 그러면 당신 삶의 가장 소중한 선물은 현재라는 것을 알게 될 것입니다.
> Be fully present at the present moment, then you will know the best present for your life is the present.

영어의 'present'는 '현재'라는 뜻도 있고 '선물'이라도 뜻도 있습니다. 또한 '부재 중인', '결석한'을 뜻하는 'absent'의 반대 의미입니다. 가령 학생이 학교에 안 오고 결석하면 'absent'이고, 와 있으면 'be present'입니다. 그러나 몸은 와 있어도 마음은 다른 데 가 있을 수 있습니다. "마음이 콩밭에 가 있다"는 속담이 말하는 바입니다. 'be fully present'라는 말은 몸이 와 있는 곳에 마음도 와 있게 하라는 것입니다.

나에게 가장 소중한 사람은 지금 나와 함께 있는 사람이라는 톨스토이의 말을 실천에 옮기면 이런 모습이 될 것입니다. 저는 큰 교회 목회자이기 때문에 성도님 한 분 한 분 만나기가 쉽지 않습니다. 그래서 짧은 시간이라도 만날 기회가 주어질 때마다 그분께 집중하려고 노력합니다. 이것은 마음의 훈련입니다. 아빠들이 바빠서 아이들과 놀아 줄 시간이 부족할 수 있습니다. 시간을 내는 노력도 중요하지만, 이왕 시간을 냈다면 그 시간을 아이에게 온전히 집중하시기 바랍니다. 오늘 식탁에서 아이와 나누는 대화의 시간이 먼 훗날 아이들이 가장 그리워할, 인생의 가장 소중한 시간이 될 수 있습니다. 기억하십시오. 우리는 현재를 살 뿐입니다.

· 복음의 핵심은 하나님이 그리스도를 통해 '우리를 위하여'(God for us) 하신 일이다. 그러나 그것이 전부는 아니다. 구원의 진면목은 '하나님 이 우리와 함께하신다는 것'(God with us)을 포괄할 때 회복될 수 있다. 현재의 삶을 제대로 사는 것이 중요하다면, 우리는 구원의 현재성을 더욱 강조해야 한다.

· 우리가 하나님을 위해서 대단한 일을 하는 것보다 매일 평범한 일상의 삶을 하나님과 함께 살아가는 것이 중요하다. 하나님과 함께하는 삶을 통해 기쁨을 누리고 하나님이 원하시는 삶을 살아갈 힘을 얻는다.

1. 세상에서 가장 중요한 순간

· 미래에 대한 염려는 오늘, '지금 이 순간'을 충만하게 살지 못하게 한다.

· 평범한 하루하루 가운데 삶의 아름다움을 느낄 수 있어야 한다.

· 지금 이 순간에 온전히 충실하라. 그러면 당신 삶의 가장 소중한 선물 은 현재라는 것을 알게 될 것이다.

2. 하나님의 임재에 대한 감각

· 예수님은 일상 속에서 '하나님의 임재'를 경험하고 하나님의 돌보심을 신뢰하셨다.

· 우리는 매 순간 주님이 나와 함께하심을 의식하며 살려고 노력할 수 있다. 슬픔과 외로움, 걱정과 근심이 찾아올 때마다 주님이 나와 함께 계심을 기억하고 그것을 주님 앞으로 가져가면, 하나님의 함께하심을 보다 깊이 경험할 수 있다.

3. 공동체를 통한 동행

· 성탄과 부활의 핵심은 하나님의 함께하심(임마누엘)이다.

· 예수님의 가장 중요한 지상명령(마 28:18-19) 또한 예수님이 함께하신다는 약속과 함께 주어진다.

· 하나님은 각 개인의 삶에도 함께하시지만 '공동체' 가운데도 함께하신다. 우리는 믿음의 공동체를 통해 하나님의 임재를 풍성하게 누릴 수 있다.

4. 경건의 시간 갖기

· 공동체 안에서 하나님의 임재를 누리는 것과 개인의 삶에서 하나님의 임재 안에 거하는 것은 상호보완적이다.

· 정기적으로 '경건의 시간'을 가지라. 경건의 시간은 조용하고 내밀한 시간과 장소에서 말씀과 기도로 하나님과 함께하는 시간으로, 말하기-읽기-듣기-쓰기-말하기의 순서로 진행된다.

5. 주님과 함께하는 하루

· 구약성경에서 하루가 저녁에 시작한다는 사실은 모든 것이 하나님 손에 달려 있음을 가르쳐 준다.

· 저녁에 내 삶을 주님께 맡기고 잠자리에 드는 습관이 몸에 익으면 우리 마음도 점점 평안을 누릴 수 있다.

· 그리스도의 은혜로 구원받은 그리스도인은 일의 영역에서도 창조의 아름다움을 회복하시는 하나님을 신뢰해야 한다.

1. 당신은 하루 중 어느 시간을 가장 좋아합니까? 현재의 생활 속에서 하루 중 가장 좋은 시간이 언제인지, 왜 그런지 나누어 봅시다.

2. 마태복음 1장에 나오는 예수님의 두 이름이 우리의 구원과 신앙생활의 두 초점을 어떻게 설명해 줍니까?(143-144쪽 참조)

3. "우리가 하나님을 위해서 대단한 일을 하는 것보다 매일 평범한 일상의 삶을 하나님과 함께 살아가는 것이 중요합니다"라는 말의 의미와 이 말이 주는 느낌을 나누어 봅시다(146-147쪽 참조).

4. '워라밸'이라는 말이 전제하고 있는 인식의 어떤 부분이 성경의 교훈과 다릅니까? 귀담아들어야 할 부분이 있다면 어떤 부분입니까?(162쪽 참조) 열심히 일하지만 일이나 실적, 성공에 지나친 압박을 받지 않고 살기 위해 무엇이 필요할지 나누어 봅시다.

5. 매 순간에 온전히 충실하면(fully present) 우리 삶에 어떤 변화가 생길 것이라 생각합니까?(166-167쪽 참조) 10분 정도 충분히 시간을 가지고 적어 봅시다.

6. 평소에 당신은 저녁 시간을 어떻게 보내고 있습니까? 자신의 저녁 시간과 관련하여 버리고 싶은 습관이나 가지고 싶은 습

관이 있다면 한 가지씩 나누어 봅시다.

7. 현재 큐티를 하고 있다면 어떤 식으로 하고 있으며 어떤 유
   익이 있는지 서로 나누어 봅시다(154-158쪽).

과제

이번 한 주 동안 경건의 시간을 가져 봅시다. 먼저 시간과 장소를 정하는
것이 필요합니다. 나는 언제 어디서 할 수 있습니까?

시간 _____ ~ _____   장소 _____

돌아오는 한 주 동안 매일 일정한 시간을 가질 수 있도록 서로 격려합시다.
실천을 위해서 필요한 기도제목을 나눕시다. 교회에서 함께하는 큐티 교재
가 있다면 그 진도를 따라 진행하되, 큐티 교재가 없다면 아래의 순서를 따
라 요한복음 본문으로 진행해 봅시다.

첫째 날, 요한복음 3:1-8
둘째 날, 요한복음 3:9-21
셋째 날, 요한복음 3:22-36
넷째 날, 요한복음 4:1-14
다섯째 날, 요한복음 4:15-26
여섯째 날, 요한복음 4:27-42
일곱째 날, 요한복음 4:43-54

선교적 삶 — 우리가 교회다

하나님이 세상을 이처럼 사랑하사 독생자를 주셨으니 이는 그를 믿는 자마다 멸망하지 않고 영생을 얻게 하려 하심이라(요 3:16).

앞에서 몇 차례 살펴본 요한복음 말씀으로 서두를 열까 합니다. 이 말씀은 그 의미를 차근차근 배워야 할 정도로 중요한 의미를 지닙니다. '왜 믿음인가? 하나님이 우리를 사랑하셨다면 우리도 하나님을 사랑하는 것이 맞는데 왜 사랑이 아닌 믿음이 나오는가?'라고 했을 때, 인간에게 하나님을 사랑할 능력이 없기 때문에 우선 하나님의 사랑을 받아들이는 데서 시작하고, 그 사랑을 받아들이는 것이 곧 믿음임을 두 번째 시간에 살펴보았습니다. 네 번째 시간에는 '영생'이 무엇인지 살펴보았습니다. 영생은 지금 우리의 삶이 수직선상으로 무한정 길어져서 연장되는 개념이 아니라, 다가오는 세대, 새로운 세대에 속한 삶을 말합니다. 새로운 세대에 속했으므로 새로운 삶입니다. "내가 온 것은 양으로 생명을 얻게 하고 더 풍성히 얻게 하려는 것이라"(요 10:10)는 말씀이 말하는 풍성함이 새로운 삶의 특징입니다.

그렇다면 "하나님이 세상을 이처럼 사랑하사"라고 할 때, "세상"에는 사람만 포함될까요? 아니면 사람 외에 이 세상에 있는 모든 것이 포함될까요? 여기서 세상은 하나님이 창조하신 세상을 말합니다. 하나님이 창조하신 세상을 하나님이 사랑하신다는 것은 지극히 자연스러운 일입니다. 예술가는 자신의 작품을 사랑하고, 작가는 자신의 책을 사랑하고, 부모는 자신의 자녀를 사랑합니다. 하나님은 그분이 창조하신 세상을 사랑하십니다. 그리고 이 세상을 회복시키기 원하십니다. 그것이 구원입니다.

우리가 죽어서 천국 간다는 말은 맞습니다. 하지만 그것은 구원의 시작이고, 성경 전체를 보았을 때 하나님이 새 하늘과 새 땅, 온 우주를 회복시키시는 것이 구원의 완성입니다. 우리 육체의 부활, 구원의 완성이 마지막 날에 일어날 것입니다. 하나님이 세상을 사랑하신다면, 이 세상이 모두 망하게 내버려두고 혹성 탈출하듯 떠나 다른 곳에 가서 소수만 구원 얻도록 하는 것은 이해하기 힘든 그림입니다. 하나님은 세상을 사랑하셨고, 결국 세상 전체를 회복하실 것입니다. 이것은 구약성경과 신약성경에 나오는 "새 하늘과 새 땅"(사 65:17; 66:22, 벧후 3:13, 계 21:1)의 비전이요, 요한계시록 마지막에 "만물을 새롭게 하노라"(계 21:5, 참고. 엡

1:23, 골 1:20) 하신 약속의 내용입니다.

하나님의 역사를 보는 인간의 시각에는 제한이 있습니다. 우리가 컴퓨터나 핸드폰으로 지도를 볼 때, 줌인(Zoom in)을 하여 상세 지도를 보면 골목골목을 면밀히 살펴볼 수 있고, 줌아웃(Zoom out)을 하여 큰 지도를 보면 찾는 곳이 전체에서 어디쯤인지 알 수 있습니다. 그와 마찬가지로 구원도 전자를 통해 보면 나에게 어떤 일이 일어나는지가 보이고, 후자를 통해 보면 구원이 우주와 역사에서 어떤 의미를 지니는지가 보입니다. 줌인을 하여 보는 사람들은 주로 '복음'이라는 말을 많이 하고, 줌아웃을 하여 보기 좋아하는 사람들은 '하나님 나라'라는 말을 많이 하는 편입니다. 그중 어느 한쪽 편에만 머물러 있는 사람은 다른 쪽을 경원시하는 경우도 있습니다. 하지만 앞에서도 언급했듯이 성경에서 복음은 본래 하나님 나라의 복음이었습니다(막 1:14-15).

구원, 우리를 통하여

저명한 신약학자 톰 라이트는 구원에 대한 온전한 이해와 관련하여 다음과 같이 설명했습니다.

'구원'의 온전한 의미는 (1) 단지 영혼이 아니라 인간 존재 전체에 대한 것이며, (2) 미래에 대한 것만이 아니라 현재에 대한 것이며, (3) 하나님이 우리 안에서 그리고 우리를 위하여 하실 뿐

아니라 우리를 통하여 하시는 일에 대한 것이다.[1]

구원이 미래뿐 아니라 현재의 구원이기도 하다는 점(두 번째 내용)은 '삭개오 이야기'를 통해 앞에서 살펴보았습니다. 예수님이 삭개오에게 "오늘 구원이 이 집에 이르렀다"고 하실 때, 그 구원은 예수님을 영접하는 순간 하나님의 백성이 되는 것이고 새 생명이 시작되는 것입니다. 이 현재의 새 생명은 인간 존재 전체의 변화와 관련된 것입니다(첫 번째 내용). 미래에 구원이 완성되는 시점에서는 '몸의 부활'이 일어날 것입니다.

이번 주제는 세 번째 내용과 관련되어 있습니다. 즉 구원에는 하나님이 우리 안에서 우리를 위하여(for us) 무엇을 하시는지뿐 아니라(하나님은 우리를 위하여 예수 그리스도를 십자가에 내어 주셔서 죄에서 구원하여 주시고 천국을 약속해 주셨습니다), **우리를 통하여**(through us) 무엇을 하시는지도 포함되어 있다는 것입니다.

예수님 당시 이스라엘의 문제는 하나님이 우리를 위하여 곧 이스라엘을 위하여 무언가를 해주실 것을 굳게 믿은 반면, 하나님이 이스라엘을 통하여 세상을 구원하실 것이라는 점은 놓쳤다는 데 있습니다. 이것이 우리가 자주 듣는 '선민의식'입니다. 선민의식이라는 말을 생각하면 배타적인 사람들, 자기만 잘났다고 하는 사람들의 이미지가 떠오릅니다. 사실 '선민'이라는 말은 좋은 말입니다. 하나님이 택하셨으니 큰 복입니다. 그런데 선민의식에 빠진 것은 하나님이 우리를 위하신다고 하는 데 생각이 멈추었기 때문입니다. 성경에는 하나님이 이스라엘의 조상인 아브라함을 택하실 때부터 '통하여'(through)가 분명히 나옵니다.

> 여호와께서 아브람에게 이르시되 너는 너의 고향과 친척과 아버지의 집을 떠나 내가 네게 보여줄 땅으로 가라. 내가 너로 큰 민족을 이루고 네게 복을 주어 네 이름을 창대하게 하리니 너는 복이 될지라. 너를 축복하는 자에게는 내가 복을 내리고 너를 저주하는 자에게는 내가 저주하리니 땅의 모든 족속이 너로 말미암아 복을 얻을 것이라 하신지라(창 12:1-3).

하나님이 아브라함을 택하시고 그에게 복을 주겠다고 약속하셨습니다. 아브라함이 최종 목적이 아니라, 아브라함을 통하여 세상 전체에 복을 베풀려고 택하신 것입니다. 그것이 바로 '믿음의 조상'이 의미하는 바입니다. 하나님이 세상을 구원하시고 은총을 주시는데 그 통로가 되는 사명을 받은 것입니다. 이 복과 사명이 오늘날 교회로 이어졌습니다. 하나님이 우리를 위하여 무엇을 하셨는지도 중요하지만, 하나님이 우리를 통하여 세상에 어떤 일을 하기 원하시는지를 놓치면 우리의 구원은 반쪽짜리가 되고 맙니다.

지난 시간에 살펴본 내용과 연결하여 정리하면, 하나님이 '우리를 위하여 베푸신 구원(God for us)을 받은 이들이 우리를 통하여 하시는 일에 참여하고(God through us), 그 일의 동력은 하나님과 함께하는 삶으로부터 공급받는 것(God with us)이 구원받은 이의 '새로운 삶'의 요체라 할 수 있겠습니다.

새 하늘과 새 땅을 향하여

성경 마지막 책인 요한계시록은 역사의 마지막에 회복될 세상의 모습을 보여줍니다.

> 또 내가 새 하늘과 새 땅을 보니 처음 하늘과 처음 땅이 없어졌고 바다도 다시 있지 않더라.……모든 눈물을 그 눈에서 닦아 주시니 다시는 사망이 없고 애통하는 것이나 곡하는 것이나 아픈 것이 다시 있지 아니하리니 처음 것들이 다 지나갔음이러라(계 21:1, 4).

하나님이 우리의 모든 눈물을 닦아 주시고 구원의 기쁨을 완성해 주실 날이 올 것입니다. 그때 하나님이 하실 선언이 "보좌에 앉으신 이가 이르시되 보라. 내가 만물을 새롭게 하노라"(계 21:5)입니다. 구원의 최종 목적이 무엇입니까? 몇몇 사람만 구원받는 게 아니라, 우리를 통하여 새 하늘과 새 땅이 펼쳐지는 것, 완전히 회복되는 것입니다. 로마서 8장은 이 구원에 대한 기대를 다음과 같이 표현하고 있습니다.

그 바라는 것은 피조물도 썩어짐의 종 노릇 한 데서 해방되어 하나님의 자녀들의 영광의 자유에 이르는 것이니라. 피조물이 다 이제까지 함께 탄식하며 함께 고통을 겪고 있는 것을 우리가 아느니라(롬 8:21-22).

이 말씀은 이 세계 전체가 함께 고통받고 있음을 강조합니다. 하나님이 세상을 지으시고 인간에게 이 우주만물을 잘 다스리라고 명하셨습니다. 그런데 인간이 이 사명을 실천하는 데 실패하고 하나님께 불순종했습니다. 본래 인간이 하나님의 명령에 순종할 때는 우주만물이 모두 인간의 명령에 순종하게 되어 있습니다. 에덴 동산의 아담과 하와가 사자나 호랑이를 무서워했을까요? 아담이 "사자야, 이리 와 보렴. 참 귀엽구나"라고 말하지 않았을까요? 그런데 타락하고 나니 무서워하는 것이 하나둘 나타납니다. 즉 인간이 하나님께 불순종하니 자연도 인간에게 해를 입히거나 반항하는 것입니다. 땅이 온통 메말라 곡식을 심어도 잘 나지 않는 경우가 생기는가 하면, 태풍으로 인해 수많은 사상자가 발생하기도 합니다. 자연이 가져다주는 혜택과 풍성함도 많지만, 오늘날 우리가 겪는 끔찍한 자연재해들은 이 세상이 어떤 상태인지를 말해 줍니다.

지금 이 세상이 본래 하나님이 창조하신 에덴 동산이 아니어서 그렇습니다. 그러한 맥락에서, 이 모든 고통이 완전히 끝나고 모든 인간뿐 아니라 온 우주만물을 하나님이 창조하신 그 아름다운 모습으로 회복시키는 것이 구원입니다.

하나님의 선교

그렇다면 선교는 무엇일까요? 선교는 세상을 회복시키시는 삼위일체 하나님의 사역에 동참하는 것입니다. 사람만 구원하시는 게 아니라 온 세상을 회복시키시는 하나님의 사역에 동참하는 것이 선교입니다. 이와 관련하여 세 가지 개념을 말씀드리겠습니다. 첫째는 '하나님의 선교', 둘째는 '흩어지는 교회', 셋째는 '선교적 교회'입니다.

교회의 선교

우선, 하나님의 선교는 교회의 선교가 아니라는 말입니다. 교회의 선교는 위의 그림으로 이해할 수 있습니다. 먼저 교회가 가장 위에 크게 자리 잡고 있습니다. 그리고 그 아래에 교회의 사명으로 예배, 교육, 선교(전도), 봉사, 친교가 제시되어 있습니다. 보통 교회의 조직표들이 이와 비슷한 형태로 구성되어 있습니다. 이 그림에서 교회는 선교보다 큽니다. 선교를 교회가 하는 많은 일들 가운데 하나로 생각하는 것이 교회의 선교입니다.

하나님의 선교

다음 그림은 하나님의 선교(*Missio Dei*)입니다. 하나님이 이 땅
을 회복시키시고 하나님 뜻대로 복 주시는 데 교회를 사용하십
니다. 그러나 하나님이 교회만 사용하시는 것은 아닙니다. 가정
과 학교도 사용하십니다. 옛날 우리나라에 온 선교사님들이 학
교를 지은 이유는 학교를 통해 전도하려는 목적만 있었던 것이
아닙니다. 아이들을 가르쳐서 미래를 열어 주고, 자신의 삶을 충
실히 살며 사회에 봉사하는 사람이 되게 하는 것도 하나님 나라
의 일입니다. 가정 사역도 그저 교회를 위한 하나의 프로그램이
아닙니다. 가정을 통해 하나님의 통치가 이 땅에 선포되기 때문
에 건강한 가정을 일구는 것은 소중한 사역입니다. 하나님은 병
원, 봉사단체, NGO, 정부, 기업도 사용하십니다. 물론 정치는 권
력에 집착하고 기업은 이윤에 집착하기 때문에 하나님의 뜻이
실현되기 힘든 것이 사실입니다. 그래서 한편으로는 기업의 사

회적 책임을 강조하기도 하고, 다른 한편으로 사회적 기업이나 협동조합 등의 대안을 모색하기도 합니다.

이런 다양한 장에서 일하시는 하나님의 사역을 '하나님의 선교'라고 하면 선교가 교회보다 크게 됩니다. 하나님의 선교라는 포괄적인 하나님의 사역 안에 교회가 한 부분으로 들어 있는 것입니다. 물론 교회는 직접 복음을 증거하고 그리스도인의 공동체를 이룬다는 점에서 특별히 중요합니다. 그러나 세상을 구원하시는 하나님의 사역이 지역교회에만 한정된 것은 아니라는 시각이 '하나님의 선교'라는 말에 담겨 있습니다. 하나님의 선교를 강조하는 이들은 흩어지는 교회라는 말을 자주 사용하기도 합니다. 열심히 모이는 것도 중요하지만, 세상에 흩어져서 세상 속에서 그리스도인다운 삶을 살아가는 것이야말로 신앙의 본령이라는 말입니다.

위와 같은 맥락에서 선교적 교회라는 말이 등장합니다. 선교적 교회의 요체는 '선교적 삶'을 살아가는 것에 있습니다. 개인의 생활방식이 선교적으로 변하는 것, 공동체적으로 말하면 선교적 문화를 형성하는 것이라 할 수 있습니다.

선교적 교회라는 개념은 영국 출신의 인도 선교사이자 신학자인 레슬리 뉴비긴에 의해 출발했습니다. 1974년, 35년간의 인도 사역을 마치고 영국에 돌아왔을 때 그는 깜짝 놀라고 맙니다. 기독교 세계의 사람으로서 인도라는 비기독교 사회를 기독교 세계의 일부로 만들겠다는 신념으로 평생을 헌신했는데, 선교지에서 돌아와 마주한 영국은 도저히 기독교 세계라고 말하기 힘든 모습이었습니다. 교회에 다니는 성도의 숫자가 옛날보다 적어지기도 했지만, 기독교적인 것에서 멀어져 있는 그리스도인의 삶을 생생히 보았기 때문입니다. 그 충격을 안고 그가 성경을 다시 읽는데 전에 보이지 않던 말씀이 보이기 시작합니다.

> 예수께서 또 이르시되 너희에게 평강이 있을지어다. 아버지께서 나를 보내신 것같이 나도 너희를 보내노라(요 20:21).

예수님이 사도들과 그리스도인들을 세상에 **보내신다**는 것입니다. 즉 하나님께 속한 우리를 세상으로 보내시는 것입니다. 기독교 세계에서 비기독교 세계로, 영국 혹은 미국 교회가 중국과 인도, 아프리카로 선교사를 보낸다기보다, 하나님이 모든 그리스도인을 세상에 보내신다는 것입니다. 이렇게 보면 교회는 보내는 주체가 아니라 보냄받는 대상이 됩니다. 해외에 나가 있는 선교사뿐 아니라 모든 그리스도인이 보냄받는 것입니다. 이렇게 '보냄받은 교회'를 가리켜 미셔널 처치(missional church)라고 합니다. 일반적으로 '선교적 교회'라고 번역하지만, 단순히 해외 선교나 전도를 열심히 하는 차원의 교회라기보다 '선교적 삶을 사는 교회'라고 할 수 있습니다.

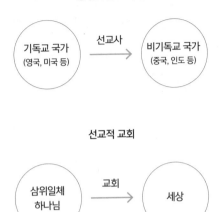

종래의 선교 이해

기독교 국가
(영국, 미국 등) —— 선교사 ——> 비기독교 국가
(중국, 인도 등)

선교적 교회

삼위일체
하나님 —— 교회 ——> 세상

우리가 교회다

예수님은 "너희는 세상의 빛이라. 산 위에 있는 동네가 숨겨
지지 못할 것이요"(마 5:14)라고 말씀하셨습니다. 산 위에 있는 마
을이 정상적으로 생활하면 그 빛이 자연스레 새어나갈 수밖에
없다는 말씀입니다. "여기가 교회입니다"라고 광고하는 빛이 아
니라, 삶에서 시나브로 드러날 수밖에 없는 '생활의 빛'입니다.
이것을 선교적 교회에 적용하면, 선교적 교회는 교회가 행하는
프로그램 중 하나가 아니라 교회의 본질을 되찾자는 의미에서의
교회를 말하는 것입니다. 그렇다면 어떻게 하면 선교적 교회가
될 수 있을지 선교적 교회의 특징과 방향을 나누어 볼까 합니다.

첫째, 선교적 교회는 진정한 사귐이 있는 교회입니다. "새 계

명을 너희에게 주노니 서로 사랑하라. 내가 너희를 사랑한 것같이 너희도 서로 사랑하라. 너희가 서로 사랑하면 이로써 모든 사람이 너희가 내 제자인 줄 알리라"(요 13:34-35). 교회가 세상에서 존경받으려면 먼저 서로 사랑해야 한다는 말씀입니다. 첫 시간에 교회의 두 본질은 사귐과 선교라고 했는데, 진정한 사귐이 있는 공동체가 선교적 교회가 될 수 있습니다. 교회의 삶 자체가 빛이 되는 것입니다. 집안에 이웃을 초청해서 함께 식사를 하고 차를 마시는 가정이 되려면 먼저 그 가정 안에 화목이 있어야 합니다.

둘째, 선교적 교회는 사귐을 지역사회로 확장해가는 교회입니다. 선교적 교회는 지역사회와 주민들을 전도의 대상으로 생각하기 이전에 더불어 사는 이웃으로 생각합니다. 이런 생각으로 지역사회와 신뢰관계를 형성하고, 지역주민과 지역공동체의 발전에 기여합니다. 그런 의미에서 목회자들은 처음 부임하며 "내가 이 교회 목사로 부름받았다"는 생각과 함께 "하나님이 나를 이 지역 목회자로 보내셨다"는 생각을 가져야 합니다. 성도들도 마찬가지입니다. 해당 지역에 교회를 세우신 하나님의 뜻에 관심 있는 교회가 되어야 합니다.

셋째, 선교적 교회는 지역의 필요에 민감하며 지역민의 삶을 존중하는 교회입니다. 유기농업을 실천하는 한 농장에서 이런 안내 문구를 본 일이 있습니다. "유기농업은 다음 세대에게 건강한 자연을 물려줄 수 있도록 환경을 보존하고 보호해야 합니다.

더불어 각 지역이 가지고 있는 유기농업에 대한 경험과 전통적인 농법에 대한 지식을 존중하는 배려심이 필요합니다." 유기농에 관해 공부를 많이 한 박사가 어느 지역에 와서 자신의 지식을 일방적으로 풀어놓는 식으로 해서는 안 된다는 말입니다. 선교적 교회도 마찬가지입니다. 일반적인 이론과 다른 지역의 사례를 참고하되, 자신이 사는 지역의 특수성을 존중해야 합니다. 서로 나누고 지역민들로부터 배우면서 선교적 교회가 되어가는 것입니다.

넷째, 선교적 교회는 일상을 소중히 여기는 교회입니다. 선교적 삶을 소중히 여긴다는 것은 일상의 삶을 소중히 여긴다는 말입니다. 신앙의 축이 일상으로 이동하면 이웃과의 접촉점이 넓어질 수 있습니다. 집 주위를 산책하고, 지역 운동모임에 가입하고, 아파트 주민회나 학부모 모임에 참석하는 일 등에서 선교적 접촉점이 생길 수 있습니다. 지난 시간에 말한 '평범한 하루에 깃든 복'을 누리는 삶이 선교의 출발입니다.

다섯째, 선교적 교회는 개방적 언어, 개방적 태도를 지향하는 교회입니다. 선교적 교회는 신교를 생활화하는 문화를 형성해 갑니다. 교회 문화는 교인들이 주로 사용하는 언어와 관련이 많은데, 이웃을 삶의 동반자로 여긴다면 언어가 달라질 수밖에 없습니다. 가령 교회에서 대표기도를 할 때 통역이 필요한 수준의 어려운 기독교 용어를 사용하는 경우가 많습니다. '무소부재'나 '긍휼' 같은 단어도 교회에 다니지 않는 사람에게는 어려운 단어

다시 만나는 교회

일 수 있습니다. 사적인 자리에서 만나 이야기하면서 자신들만 아는 교회 내부의 이야기를 하는 것은 삼가야 합니다. 사람이 가장 소외감을 느낄 때는 자신이 이해하지 못하는 유머를 듣고서 다른 사람들이 다 같이 웃을 때입니다.

명시적으로 말하지는 않지만 암묵적으로 인정되고 있는 문화나 분위기를 비신자의 입장에서 점검해 보아야 합니다. 가령 교회 건물에 처음 들어온 사람이 화장실을 쉽게 찾을 수 있는지, 건물 배치를 일목요연하게 파악할 수 있는지 살펴볼 필요가 있습니다. 그런 시각으로 교회의 주보나 각종 인쇄물 등도 점검해 보아야 합니다. 이런 민감성에서 교회 문화가 바뀌기 시작합니다.

여섯째, 선교적 교회는 목회자가 자신에게 주어진 역할을 잘 감당하는 교회입니다. 세계적으로 선교적 교회가 성공하고 있는 경우를 살펴보면, 목회자가 분명한 방향성을 가지고 장기적으로 노력해 온 예가 많습니다. 모든 성도가 선교적 삶을 사는 것이 목표이지만, 그럴수록 헌신된 전임사역자의 지도력이 중요하다는 것이 증명되고 있습니다. 목회자들은 성도들이 일상 속에서 각자에게 주어진 직업 소명을 위해 살 수 있도록 신학적으로 훈련시켜야 합니다. 훈련 없이는 선교적 삶을 살 수 없습니다.

영국에서 선교적 교회 운동을 이끌어 온 마이크 브린은 선교적 실천이 자동차의 바퀴라면 그 엔진은 제자도라고 했습니다.[2] 제자훈련은 성도들이 가진 잠재력을 발견하여 선교적 삶을 살 수 있도록 준비시키는 일입니다. 목회자들의 지도력이 약화될수록 평신도의 역동성이 커질 것이라는 전제는 성경적이지도 실제적이지도 않습니다. 레슬리 뉴비긴은 온 성도가 평일의 제사장직을 잘 수행하도록 하려면 목회자들의 주일 제사장직 수행이 무엇보다 중요하다고 하였습니다.[3] 교회의 예배와 친교 전 과정을 포함한 훈련이 선교의 동력을 지속적으로 제공합니다.

일곱째, 선교적 교회는 복음전파의 중요성을 간과하지 않는 교회입니다. 정치·경제·사회·문화 영역에서 하나님 나라를 삶으로 증언하는 일과 함께, 예수 그리스도를 믿으라고 전하는 일이 균형을 이루어야 합니다. 믿지 않는 사람들에게 복음을 제시하는 일을 결코 가볍게 여겨서는 안 됩니다.

여덟째, 선교적 교회는 선교적 민감성을 가진 교회입니다. 전에 미국의 어느 한인교회 집회에 말씀을 전하러 간 적이 있는데, 예배가 끝나고 어떤 장로님이 찾아와서 기도해 달라고 부탁하셨습니다. 이 장로님은 평생 수도 고치는 배관 기술자로 일하다가 은퇴를 하셨습니다. 그가 어느 날 동네에서 흑인 아이가 힘들게 방황하며 사는 모습을 보고서 '맥도날드에서 아르바이트하며 시간당 8달러를 받는 이 아이가 두어 달만 배관 기술을 배운다면 시간당 20달러 정도는 벌 수 있을 텐데……' 하는 생각이 들었다고 합니다. "제가 배관만큼은 누구보다 잘 가르칠 자신이 있거든요" 하시는 장로님의 해맑은 얼굴을 잊을 수 없습니다. 앞으로 남은 인생 동안 흑인 마을에 가서 아이들을 모아 기술을 가르쳐 주고 싶다는 말을 듣고 감사한 마음으로 함께 간절히 기도했습니다.

바로 이것이 선교입니다. 성도들이 자신의 소명을 발견하고 잠재력을 실현해가는 삶이 선교적 삶입니다. 보통 선교를 하려면 해외에 나가야 하고, 돈이 필요하고, 교회나 선교센터를 지어야 한다고 생각하는데, 정말 힘 있는 선교는 각자의 생활 현장에서 마주하는 사람들의 필요에서 시작하는 것입니다. 사람들의 필요와 내가 줄 수 있는 것이 만날 때 선교적 역동이 일어납니다. 이 만남을 위해서 무엇보다 필요한 것은 선교적 민감성(missional sensitivity)입니다. 선교적 교회의 활동은 어느 하나로 정형화할 수 없습니다. 지역의 상황이 모두 다르고, 교회의 크기와 문화와 전통, 성도들의 관심과 잠재력, 선교의 방향도 각각 다릅니다. 그래서 선교적 교회의 중심적 목표는 선교적 삶이고, 그 출발은 선교적 민감성입니다.

실제로 내가 지금 선교지에 와 있다는 마음으로 시장도 가보고, 학교도 가보고, 거리도 다닌다면 무엇이 보이겠습니까? '사람들이 어떻게 살아가는가?', '저들에게는 어떤 고민과 소망이 있는가?', '내가 여기서 어떻게 선교해야 할 것인가?' 하고 생각하며 다닐 것입니다. 그것이 선교적 민감성이며 선교적 시각입니다. 이런저런 생각을 하고 기도도 하면서 자신이 사는 지역을 다니는 것입니다. 그러다 보면 '아, 이런 것 좀 해보면 좋겠다!'는 생각이 들 수 있습니다. 그런 생각이 들면 그 일을 위해 기도하기 시작합니다. 기도하면서 가족과 친구, 소그룹 모임 안에서 나누다 보면 마음이 통하는 사람들이 생깁니다. 그렇게 진행하다 보면 되는 일도 있고 안 되는 일도 있을 것입니다. 안 된다고 실망할 필요가 없습니다. 이 지역에 필요한 선교가 무엇이고 우리가 할 수 있는 선교가 무엇인지 찾아가는 과정입니다. 이런 작은 흐름들이 모여서 교회의 큰 프로젝트가 되기도 합니다.

이런 방식으로 각각의 그리스도인이 평소에 삶의 현장에서 건져 올리는 것은 선교학자가 와서 분석해 줄 수 있는 것이 아닙니다. 우리 지역의 필요를 가장 잘 아는 이들은 지금 여기에 살고 있는 우리들입니다. 우리 지역에 어떤 필요가 있는지, 학교든 거리든 어려운 사람이든 그런 필요들을 위해 기도하다 보면 '아, 저곳에 이러이러한 사람들이 있구나. 혹시 내가 도움을 줄 수 있는 방법이 없을까?'라는 생각이 들고, 그것을 함께 나누다 보면 선교의 흐름이 생기는 것입니다.

이러한 선교적 민감성을 다른 말로 '선교의 더듬이'라고 할 수 있습니다. 사람마다 민감한 영역이 있습니다. 어떤 사람은 음악에 민감하고, 어떤 사람은 음식에 민감합니다. 대화를 나누다 보면 특정한 주제에 민감한 사람이 있습니다. 돈에 민감한 사람이 있고, 관계에 민감한 사람이 있습니다. 예수님은 가는 곳마다 도움이 필요한 사람을 발견하고 다가가셨습니다. 선교의 더듬이가 살아 있는 그리스도인이 선교적 교회를 만듭니다. 또한 선교적 교회가 선교적 민감성을 지닌 삶을 만들기도 합니다. 이 두 면은 서로를 북돋워 줍니다. 교회가 긴밀한 나눔으로 하나가 될 때 선교적 민감성과 선교적 삶이 조화를 이룹니다.

> 너희가 서로 사랑하면 이로써 모든 사람들이 너희가 내 제자인 줄 알리라(요 13:35).

교회의 두 본질은 사귐과 선교라고 했습니다. 성경적인 교회는 이 둘이 함께 성장하는 교회입니다. 사귐이 선교를 만들어 내고 선교가 사귐을 깊이 있게 합니다. 서로 사랑하는 공동체가 세상의 빛이 될 수 있습니다.

○

이제 여섯 번째 강의를 마무리하겠습니다. 첫 시간에 구원은 화해라고 했습니다. 죄로 인해 하나님과 원수 되었던 이들이 하나님이 제시하신 화해 방법인 예수 그리스도를 받아들이는 것이 구원입니다. 그 안에서 화해를 누리고(사귐) 넓혀가는 것(선교)이라고 했습니다. 사도 바울은 선교가 무엇인지 화해의 관점에서 잘 보여주고 있습니다.

> 모든 것이 하나님께로서 났으며 그가 그리스도로 말미암아 우리를 자기와 화목하게 하시고 또 우리에게 화목하게 하는 직분을 주셨으니 곧 하나님께서 그리스도 안에 계시사 세상을 자기와 화목하게 하시며 그들의 죄를 그들에게 돌리지 아니하시고 화목

하게 하는 말씀을 우리에게 부탁하셨느니라(고후 5:18-19).

그리스도인들은 하나님과 화해된 사람들입니다. 이 공동체가 세상으로 하여금 하나님과 화해하게 하는 사역이 선교입니다. 이 화해는 인간과 인간, 인간과 자연 사이의 화해까지 포괄하는 총체적 화해입니다. 병원을 세워서 아픈 사람을 치유하고, 학교를 세워서 무지와 싸울 수 있는 힘을 주고, 분쟁하는 나라와 사회에 평화의 씨앗을 심는 일들 모두가 그 자체로 하나님의 선교의 중요한 영역입니다. 하나님이 창조하신 생태계의 온전성을 지키기 위해 노력하고 환경을 보호하고 가꾸는 일 또한 선교입니다.

이 모든 일을 화해된 공동체가 이루어 갑니다. 죄인인 인간이 그리스도의 은혜로 구원을 받고 하나님의 자녀가 되게 하는 복음전도는 언제나 시작이며 핵심입니다. 선교의 외연을 확대하는 가운데 그 중심이 약화되면 안 됩니다. 그리스도를 통한 화해의 원리로 살아간다는 점에서 공동체는 더욱 중요합니다. 그리스도의 샬롬을 실제적으로 누리는 공동체가 세상에 샬롬을 심을 수 있습니다. 흩어지는 교회가 중요할수록, 모이는 교회라는 중심은 더욱 소중합니다.

· 성경 전체를 보았을 때 하나님이 새 하늘과 새 땅, 온 우주를 회복시키
시는 것이 구원의 완성이다

1. 구원, 우리를 통하여

· 구원에는 하나님이 우리 안에서 '우리를 위하여'(God for us) 하시는 일
뿐 아니라 '우리를 통하여'(God through us) 하시는 일도 포함된다.

· 아브라함이 '믿음의 조상'이 된 것은 하나님이 그를 '통하여' 세상에 복
을 베풀려고 택하신 것이다. 이러한 복과 사명이 오늘날 교회로 이어
졌다.

2. 새 하늘과 새 땅을 향하여

· 구원의 최종 목적은 몇몇 사람만의 구원이 아니라, 우리를 통하여 '새
하늘과 새 땅'이 펼쳐지는 것이다.

· 죄로 말미암아 인간을 비롯한 모든 세계가 시달리는 고통이 완전히 끝
나고 온 우주만물이 하나님이 창조하신 그 아름다운 모습으로 회복되
는 것이 구원이다.

3. 하나님의 선교

· '선교'는 세상을 회복시키시는 삼위일체 하나님의 사역에 동참하는 것
이다.

· '하나님의 선교'는 세상을 구원하고 회복시키시는 하나님의 사역으로,
지역교회를 포함하여 다양한 현장과 활동(가정, 학교, 병원, 문화, 예술 등)을
포함한다.

· 하나님의 선교는 '흩어지는 교회' 곧 세상 속에서 그리스도인답게 살
아가는 것이야말로 신앙의 본령임을 강조한다.

· '선교적 교회'는 '선교적 삶'을 살도록 '세상에 보냄받은' 교회(모든 그리스도인)다.

4. 우리가 교회다

· 선교적 교회의 특징과 방향은 다음과 같다. '진정한 사귐이 있는 교회', '사귐을 지역사회로 확장해가는 교회', '지역의 필요에 민감하며 지역민의 삶을 존중하는 교회', '일상을 소중히 여기는 교회', '개방적 언어와 태도를 지향하는 교회', '목회자가 자신에게 주어진 역할을 잘 감당하는 교회', '복음전파의 중요성을 간과하지 않는 교회', '선교적 민감성을 가진 교회'.

· 성경적인 교회는 교회의 본질인 사귐과 선교가 함께 성장하는 교회다.

1. 지난 한 주 동안 어떻게 지냈습니까? 저녁 시간은 어떠했습니까? 큐티는 얼마나 할 수 있었는지, 하면서 어떤 느낌이 들었는지 나누어 봅시다.

2. '선교'라는 단어를 들었을 때 가장 먼저 떠오르는 이미지는 무엇입니까? 오늘 강의는 그 이미지를 어떻게 바꾸어 주었습니까?

3. 구원은 '하나님이 우리를 위하신다'(God for us)뿐 아니라 '하나님이 우리를 통하여 일하신다'(God through us)를 포괄합니다. 여기에 '하나님과 함께하는 삶'(God with us)이 더해질 때 온전한 구원을 누리는 것입니다. 이 세 차원의 관계를 이해한 대로 나누어 봅시다(177-180쪽 참조).

4. '하나님의 선교', '흩어지는 교회', '선교적 교회'의 개념을 이해한 대로 나누어 봅시다(182-186쪽 참조).

5. 해외에 나가 있는 선교사뿐 아니라 모든 그리스도인이 세상으로 보냄받는 것이며, 하나님은 선교적 삶을 사는 선교적 교회를 원하신다는 것을 살펴보았습니다. 선교적 교회의 여덟 가지 특징과 방향에 관하여 나누어 봅시다(186-193쪽 참조). 이 가운데 나에게 가장 와 닿는 내용은 무엇입니까? 이 원리를 살아내기 위해 당장 실천할 수 있는 것은 무엇입니까?

6. 내가 낯선 나라에 파송받은 선교사라면, 그 도시의 거리를 어

떤 마음으로 걷고 무엇을 눈여겨볼 것 같습니까? 내가 살고 있는 삶의 현장에서 '선교적 민감성'을 가지고 주위를 살펴보면 무엇이 보일 것 같습니까?(190-193쪽 참조)

과제

고요한 방에 앉아서 기도할 수도 있고 교회에 가서 기도할 수도 있지만 집 주위를 산책하며 기도할 수도 있습니다. 한 주 동안 산책하며 자신이 사는 지역을 위해 기도하고 그곳에 사는 사람들이 어떤 기쁨과 슬픔, 고민과 소망을 안고 살아갈지 생각해 봅시다.

섬김 — 모든 그리스도인이 사역자다

1942년, 프랑스 파리의 길을 걷던 한 남자가 길가에 버려진 낡은 자전거 한 대를 유심히 바라보고 있었습니다. 그는 그것을 들고 집에 가서 안장과 핸들을 떼어내고 안장 위에 핸들을 거꾸로 붙인 뒤 '황소머리'라는 이름을 붙였습니다. 50여 년이 지나 이 작품은 런던의 한 경매장에서 293억에 낙찰됩니다. 그 남자의 이름은 바로 파블로 피카소입니다. 이것은 겉으로는 별것 아닌 것처럼 보이지만 만든 사람이 누구인지에 따라 그 가치가 달라진다는 사실을 보여줍니다.

우리는 그가 만드신 바라. 그리스도 예수 안에서 선한 일을 위하여 지으심을 받은 자니 이 일은 하나님이 전에 예비하사 우리로 그 가운데서 행하게 하려 하심이니라(엡 2:10).

이 말씀에서 "만드신 바라"는 표현은 원어로 '포이에마'(poiema)입니다. 여기서 파생된 단어가 'poem'(시)입니다. '걸작'으로 번역할 수도 있는데, NLT 성경은 이 부분을 이렇게 옮깁니다.

> 우리는 하나님의 걸작입니다. 하나님이 그리스도 예수 안에서 우리를 새롭게 창조하셨습니다. 이것은 우리를 위하여 오래전에 예비하신 선한 일을 할 수 있도록 하기 위함입니다.
>
> For we are God's masterpiece. He has created us anew in Christ Jesus, so we can do the good things he planned for us long ago.

이 번역을 보면 '걸작'이라는 강조뿐 아니라, 여기서 말하는 창조가 어떤 창조인지를 알 수 있습니다. 하나님이 인간 한 사람 한 사람을 아름답고 심히 기묘하게 창조하셨다고 고백할 때의 창조(시 139:14)가 아니라, 그리스도께서 세상을 "새로운 피조물"(고후 5:17)로 만드신 '새 창조'를 말합니다. 태초에 하나님이 인간을 아름답게 창조하셨지만, 그 인간은 죄로 인해 타락했습니다. 지성이 어두워지고, 판단이 흐려지고, 감정적으로 불안전하며, 이기적인 존재가 되어 고통받고 있습니다. 온 피조세계가 함께 고통 가운데 있습니다. 이 인간을 다시 태어나게 하시고, 세계를 새롭게 하시는 것이 새 창조입니다. "사람이 거듭나지 아니하면 하나님의 나라를 볼 수 없느니라"(요 3:3)고 하실 때의 거듭남 역시 새 창조의 일부입니다. 빌립보서는 새 창조를 이렇게 표현합니다.

너희 안에서 착한 일을 시작하신 이가 그리스도 예수의 날까지
이루실 줄을 우리는 확신하노라(빌 1:6)

에베소서 말씀에서 살펴본 "선한 일"과 이 말씀의 "착한 일"
은 같은 말입니다. 착한 일을 시작하셨다는 것은 창조의 본래 목
적을 회복하는 일을 시작하셨다는 것입니다. "너희 안에서"라고
복수로 표현된 것에 유의하십시오. '내 마음 안에서'가 아니라
'그리스도인 공동체 안에서'라는 말입니다. 하나님이 우리 가운
데서 착한 일 곧 창조질서의 회복을 시작하셨고, 그 회복은 '믿
음의 공동체' 안에서 이루어져 갑니다. "그리스도 예수의 날"은
종말 곧 예수님이 재림하실 날을 말하는 것입니다. 이 종말에 대
해서 개인적으로 해석하는 경우가 많습니다. 고단했던 인생길이
끝나고 예수님이 오셔서 나에게 상 주실 날 정도로 생각합니다.
지금은 못된 아이들이 착한 아이들을 괴롭히지만, 선생님이 오
셔서 "너희들 대체 왜 그러니. 이렇게 착한 아이를 괴롭히다니!"
하면서 억울하게 당해 온 것을 밝혀 주실 날, 천국에 들어가게
해주실 날 정도로 생각합니다. 이것은 맞는 말이지만 부족한 견
해입니다. 그리스도 예수의 날은 모든 것이 완성될 날입니다.

하늘에 있는 것이나 땅에 있는 것이 다 그리스도 안에서 통일되
게 하려 하심이라(엡 1:10).

지금은 세상의 원리와 그리스도의 원리가 충돌하기도 하고 한데 뒤섞여 있기도 하지만, 그날이 오면 그리스도를 기준으로 만물이 통일될 것입니다. 정의와 평화와 기쁨이 가득 찬 세상(롬 14:17), 어떤 억압과 착취도 속임도 미움도 없는 세상, 하나님의 영광이 가득한 세상이 될 것입니다. 그리스도 예수의 날은 하나님의 창조 목적이 온전히 성취되는 날을 말합니다. 예수님이 그 완성을 향한 행진을 역사 속에서 시작하셨는데, 그것이 신앙 공동체를 통하여 일어나는 '선한 일'입니다. 그러므로 하나님이 우리를 통하여 하시려는 선한 일은 세상 전체의 회복을 향한 일입니다. 예수님은 이 일을 다음과 같이 시작하셨습니다.

> 인자가 온 것은 섬김을 받으려 함이 아니라 도리어 섬기려 하고 자기 목숨을 많은 사람의 대속물로 주려 함이니라(막 10:45).

예수님은 자신의 목숨을 우리의 대속물로 주심으로써 죄와 사망의 권세에서 우리를 해방시키셨습니다. 그리고 섬김의 삶을 살게 하심으로써 죄와 사망에 속한 이기심, 억압, 착취, 차별과 배제의 삶을 철폐하시는 것입니다. 예수님 스스로 섬기는 이의 모범을 보여주셨습니다.

> 그는 근본 하나님의 본체시나 하나님과 동등됨을 취할 것으로 여기지 아니하시고 오히려 자기를 비워 종의 형체를 가지사 사

람들과 같이 되셨고 사람의 모양으로 나타나사 자기를 낮추시고 죽기까지 복종하셨으니 곧 십자가에 죽으심이라. 이러므로 하나님이 그를 지극히 높여 모든 이름 위에 뛰어난 이름을 주사 하늘에 있는 자들과 땅에 있는 자들과 땅 아래에 있는 자들로 모든 무릎을 예수의 이름에 꿇게 하시고 모든 입으로 예수 그리스도를 주라 시인하여 하나님 아버지께 영광을 돌리게 하셨느니라 (빌 2:6-11).

이 말씀은 예수님의 섬김이 단순히 개인적인 미덕의 권고에 머무는 것이 아니라, 그분 안에서 세상의 질서가 바뀌었음을 보여줍니다. 높은 자가 낮은 자를 누르고 사는 세계, 서로가 서로를 이용하며 사는 세계가 철폐되었음을 선언하는 것입니다. 십자가를 향해 가는 길에서 제자들이 자리다툼을 하는 것을 보고 예수님이 이렇게 말씀하십니다.

이방인의 집권자들이 그들을 임의로 주관하고 그 고관들이 그들에게 권세를 부리는 줄을 너희가 알거니와 너희 중에는 그렇지 않아야 하나니 너희 중에 누구든지 크고자 하는 자는 너희를 섬기는 자가 되고 너희 중에 누구든지 으뜸이 되고자 하는 자는 너희의 종이 되어야 하리라 (마 20:25-27).

그리스도인 공동체는 세상과 완전히 다른 질서로 살아가는 공동체입니다. 세상에서는 강한 자가 약한 자 위에 군림하지만, 하나님 나라에서는 약한 자가 섬김을 받습니다. 교회는 이런 삶의 원리를 실천하며 몸에 새기는 공동체입니다.

모든 그리스도인이 사역자다

현대인에게 위와 같은 섬김의 삶은 더욱 소중합니다. 우리 사회의 가장 큰 특징은 소비사회입니다. 옛날 사람들은 "당신은 누구입니까?"라는 질문에 "나는 농부입니다", "나는 교사입니다", "나는 간호사입니다"라고 대답했습니다. 그러나 요즈음 사람들의 모습을 보면 다음과 같이 말하는 듯합니다. "나는 오십 평 아파트에 사는 사람입니다", "나는 스포츠카를 모는 사람입니다", "나는 명품 핸드백을 메는 사람입니다." 휴가 때마다 전국 방방곡곡을 여행하는 사람이 있는가 하면, 주말마다 분위기 좋은 레스토랑에 가서 식사하며 SNS에 사진을 올리는 사람이 있습니다. 이러한 모습이 자아 정체성의 핵심이 되었습니다. "나는 농부입니다"라고 말하는 것은 생산적 자아입니다. 한편 어떤 음식을 먹고, 어떤 음료를 마시고, 어디로 여행 가는지가 나를 보여준다고 생각하는 것은 소비적 자아라 할 수 있습니다. 자아정체성의 뿌리를 소비에 두는 것입니다. 무엇이 필요해서 구매하는 것이 아니라, 그 물건을 소유하는 것이 내가 어떤 사람인지 말해 주기 때문에 구매합니다. 그러다 보면 비교의식과 불안은 더욱 깊어지고, 건강한 자아상을 갖기가 점점 힘들게 됩니다.

이러한 사회에서 교회들도 '소비자 기독교'(consumer Christianity)로 전락할 위험이 있습니다. 교인들이 훌륭한 설교, 좋은 교육 프로그램을 수동적으로 구매하는 소비자에 머무는 것입니다. 목회자들은 성도들과 한 팀이 되어 세상을 구원하고 함께 하나님을 기쁘시게 해야 하는데, 종교상품의 판매자가 되어 성도들을 만족시키기 위해 뜁니다. 만일 교회가 축구 경기라면, 누가 선수일까요? 목회자들이 주님의 일 열심히 하고, 성도들은 "우리 목사님 훌륭해요"를 자랑으로 삼고 열심히 헌금해서 목회자의 사역을 지원하면 된다고 생각한다면, 목회자가 선수가 되고 성도는 그저 후원자나 구경꾼이 되는 것입니다. 하지만 본래 성경이 말하는 기독교는 모든 성도가 선수이고, 목회자들은 성도들이 경기를 잘할 수 있도록 돕는 코치나 트레이너입니다.

> 그가 어떤 사람은 사도로, 어떤 사람은 선지자로, 어떤 사람은 복음 전하는 자로, 어떤 사람은 목사와 교사로 삼으셨으니 이는 성도를 온전하게 하여 봉사의 일을 하게 하며 그리스도의 몸을 세우려 하심이라. 우리가 다 하나님의 아들을 믿는 것과 아는 일에 하나가 되어 온전한 사람을 이루어 그리스도의 장성한 분량이 충만한 데까지 이르리니(엡 4:11-13).

이 말씀을 살펴보면 그리스도의 몸된 교회를 세우는 주체가 성도임이 분명합니다. 목회자들은 성도들이 함께 교회를 세울 수 있도록 훈련시키고 준비시키는 것입니다. 활기 있게 뛰어야 할 영광스러운 선수들이 앉아서 박수 치는 구경꾼으로 전락한 교회, 이것은 오늘날 많은 교회들이 마주하고 있는 비극이며, 교회가 점점 약해지는 이유이기도 합니다. 성경적인 교회는 모든 그리스도인이 사역자입니다.

바울은 성도들이 함께 그리스도의 몸을 세워가며 믿는 것과 아는 일에 하나가 되고 온전한 사람으로 성장해 간다고 말합니다. 섬김이 우리로 하여금 그리스도를 닮아가고 성장하게 합니다. 섬김을 통하여 우리는 하나님 나라의 삶의 원리를 몸에 새기게 됩니다. 소비사회에서 수동적인 소비자로 무기력해진 개인들이 나눔과 섬김의 문화 속에서 치유받고 성장할 수 있습니다.

섬김을 통해 우리는 성장한다

섬김은 믿음과 앎에서 우리를 성장하게 합니다.

> 사람이 하나님의 뜻을 행하려 하면 이 교훈이 하나님께로부터 왔는지 내가 스스로 말함인지 알리라(요 7:17).

설교를 듣거나 성경공부를 하는 것이 중요하지만, 그것만으로는 진정한 앎에 이를 수 없습니다. 그 말씀을 섬김의 자리에서 실천해 보아야 "이 말씀이 사실이구나!" 하고 깨닫게 됩니다. 예수님이 물로 포도주를 만드신 기적을 베푸실 때 많은 사람들이 그 포도주의 맛을 보았습니다.

> 연회장은 물로 된 포도주를 맛보고도 어디서 났는지 알지 못하되 물 떠온 하인들은 알더라(요 2:9).

잔치를 맡은 이가 포도주로 변한 물을 맛보고도 그것이 어디에서 났는지 알지 못하였지만, 몸으로 섬기는 하인들은 알았습니다. 포도주를 맛보는 것보다 훨씬 더 큰 복은 하나님이 하시는 일을 아는 것입니다. 사역 현장에 머물다 보면 그 안에서 하나님이 일하시는 것을 보기 때문에 순간순간 감사가 있습니다. 그래서 믿음도 자라는 것입니다. 교회학교에서 아이들을 가르치고, 주차 안내를 하고, 찬양대로 섬기면서 하나님이 주시는 은혜를 깨닫고 믿음 안에서 자라갑니다.

앞서 네 번째 시간에 성장에 대해서 다루었는데, 위의 그림

을 중심으로 다시 한번 정리해 보겠습니다. 우리가 예수님처럼 성장하기 위해서는 다섯 가지 요소가 필요합니다. 교회들이 어떤 인식 속에서 성도들을 이끌고 돕고 있는지를 이해하기 위해서 이 구도를 이해할 필요가 있습니다. 신앙 성장은 결코 혼자서 도모할 수 없고 믿음의 공동체 안에서 함께 성장해야 합니다. 건강한 공동체 그리고 성장을 위한 개인의 헌신이 함께 있어야 합니다.

성장의 기본적인 두 요소는 **환영과 돌봄**입니다. 아기가 잘 자라는 이상적인 환경은 가정입니다. 가정은 무조건적인 환영과 돌봄의 공간입니다. 성도들이 교회에 처음 온 이들을 적극적으로 환영해야 성장을 위한 기본적인 환경이 조성됩니다. 그리고 시기적절한 돌봄이 필요합니다. 많은 교회에서 기본적으로 교역자나 새가족 담당자, 소그룹 리더가 그 역할을 담당하고 있습니다.

그다음에 필요한 요소는 **예배**입니다. 예배를 통해 우리는 하나님을 만나며, 하나님 나라 질서에 맞는 사람으로 변화되고 성장해 갑니다. 그리고 교육을 받아야 합니다. 교회마다 양육 시스템, 제자훈련, 성경 교실 등의 이름으로 기독교의 기초 교리와 그리스도인의 삶과 세계관을 가르칩니다.

마지막으로 필요한 것이 **사역**입니다. 교회를 움직이기 위해 일할 사람이 필요하지만, 그보다 중요한 것은 성도의 성장을 위해 사역이 반드시 필요하다는 점입니다. 사역이 일부에게 집중되어 있는 교회보다 모든 성도가 하나씩 사역을 맡고 있는 교회

다시 만나는 교회

가 건강한 교회입니다.

『목적이 이끄는 삶』의 저자인 릭 워렌은 하나님이 우리에게 주신 계획을 발견하고 실천하는 데 필요한 'S.H.A.P.E.'를 제시합니다.[1]

S(Spiritual Gifts, 영적 은사)

H(Heart, 마음, 열정)

A(Abilities, 재능)

P(Personality, 성격)

E(Experiences, 경험)

첫째, 영적 은사입니다. 사람마다 하나님께 받은 은사가 다릅니다. 성경에는 많은 종류의 은사가 소개되는데(롬 12:6-8, 고전 12:8-10), 하나님이 그리스도의 몸인 교회를 섬기도록 우리에게 은사를 주셨습니다. 그러므로 자신이 받은 은사가 무엇인지 관심을 갖고 열심히 찾아야 합니다. 교회 안에서 성도들을 보면 자신에게 어떤 은사가 있는지 모르는 경우가 많은데, 그것은 자신은 물론이고 하나님께도 손해입니다. 성도들이 서로를 격려하며 은사를 발견하도록 돕는 것이 좋습니다. 은사가 구체적으로 발견되고 계발되는 자리는 섬김의 현장입니다.

둘째, 열정입니다. 강의를 하거나 설교를 하면 한 시간 분량의 내용 중에서 은혜 받는 대목이 사람마다 다릅니다. 특정 부분에서 눈이 반짝반짝 빛나거나 적극적으로 반응하는 사람이 있습니다. 나는 언제 가슴이 뛰는지 스스로에게 물어보십시오. 어떤 이들은 탈북자의 간증을 듣고 나서, 또 어떤 이들은 장애인의 모습을 보고 나서 가슴이 뛰고 그 모습이 잊히지 않습니다. 열정은 관심과 겹치기도 하지만 다를 수도 있습니다. 관심은 주위 사람들의 분위기나 자신의 열등감 등 다양한 경로로 형성될 수 있지만, 진정으로 심장이 뛰는 일은 나만의 고유한 영역입니다. 열정이 느껴지는 분야에서 일을 하면, 효율적으로 할 수 있을 뿐 아니라 기쁘게 할 수 있습니다. 직업의 영역에서나 사역에서나 마찬가지입니다.

셋째, **재능**입니다. 타고난 능력일 수도 있고, 어떤 일을 오래 해서 계발된 능력일 수도 있습니다. 사역을 하다 보면 능력이 계발될 수도 있습니다.

넷째, **성격**입니다. 흔히 외향적인 사람, 내향적인 사람 등의 이야기를 많이 하는데 세상에는 다양한 종류의 성격이 있습니다. 중요한 것은 좋은 성격도 없고 나쁜 성격도 없다는 것입니다. 서구 문화에서 외향적인 성격을 선호하고 긍정적으로 보는 경우가 많은데, 이 세상에는 내향적인 사람이 보다 강점을 발휘하는 분야가 수없이 많습니다.

중요한 것은 자신의 성격을 사랑하는 것입니다. 자신의 성격을 좋아하지 않으면 재미있게 살 수도 없고 사역을 제대로 감당할 수도 없습니다. 하나님이 우리를 사랑하시고 우리를 지으셨기 때문에 본래 우리는 걸작이고 명작입니다. 하나님이 창조하신 내 모습을 그대로 받아들이면 점점 나를 사랑하는 마음이 커집니다. 이 과정에서 내 성격에 맞는 영역에서 섬기면서 기쁨을 맛보는 것이 중요합니다. 그렇게 되면 사역을 하는 가운데 나 자신을 찾아갈 수 있습니다.

다섯째, 경험입니다. 이 경험은 좋은 경험일 수도 있고 부정적인 경험일 수도 있습니다. 예를 들어 은퇴 전에 가르치는 일을 했거나 군대에서 지휘관을 한 경험이 있으면, 그런 경험을 가지고 사역을 할 수 있고 이웃을 도울 수 있을 것입니다. 저는 유학생으로 미국 생활을 시작했기 때문에 유학생들과 함께 호흡하며 목회하는 일에 많은 도움을 받았습니다. 또한 대학입시에서 실패하고 재수한 경험이 있는 교사들이 청년부에서 비슷한 상황의 청년들에게 도움을 주는 경우를 많이 봅니다.

가정이 깨어지는 아픔을 겪었거나 크고 작은 고통의 경험들을 가진 이들도 있습니다. 이런 경험도 하나님이 다양하게 사용하십니다. 저희 부부는 결혼한 지 13년 만에 아이를 가졌습니다. 제가 시카고에서 목회할 때 저희 교회에는 저보다 열 살, 스무 살 가까이 나이가 어린 젊은 부부들이 많았습니다. 아기가 태어날 때마다 저희 부부가 병원으로 가서 축하하고 축복해 주곤 했는데, 그러면 아기 낳은 부부가 미안한 안색을 보이기도 했습니다. 육아 경험이 없어서 목회가 힘든 부분도 있었습니다. 그런데 아기를 낳고 보니, 오래 기다려 아기를 낳은 경험을 하나님이 사용하신다는 것을 알게 되었습니다. 주위에 아기를 기다리는 부부들과 고민을 나누고 함께 기도하는 가운데 깊은 위로와 격려를 주실 때가 많았습니다. 아픈 경험인데 그것도 하나님이 쓰시는 것입니다. 이렇게 쓰임받는 경우가 쌓이다 보면, 하나님이 내게 주신 인생에 대해 감사하게 되고 내 인생의 스토리를 사랑하게 됩니다. 하나님 안에서 모든 것이 합력하여 선을 이루게 됨을 삶으로 깨닫는 것입니다. 이 모든 것이 사역하면서 누리는 은혜입니다.

섬김에 민감한 영성

섬겨야 한다는 것을 모르는 그리스도인은 별로 없습니다. 대체로 섬기고 싶다는 소망도 갖고 있습니다. 그러나 실제로 섬기는 일을 시작하기란 쉽지 않습니다. 그렇다면 우리에게 무엇이 필요할까요? 섬김의 기회는 우리가 살아가는 모든 곳에 있습니다. 절실한 필요가 있지만 알지 못하고 지나칠 뿐입니다.

우리는 섬김의 기회에 민감한 영성을 가져야 합니다. 마태복음에서 예수님은 제자들이 서로 높은 자리에 오르려고 다투는 모습을 보고 섬김에 대해서 말씀하십니다. "인자가 온 것은 섬김을 받으려 함이 아니라 도리어 섬기려 하고 자기 목숨을 많은 사람의 대속물로 주려 함이니라"(마 20:28). 그다음 이어지는 말씀을 보면 예수님을 향해 도와달라고 소리 지르는 두 맹인이 등장합니다. 제자들을 포함한 무리가 그들을 꾸짖어 "잠잠하라"고 합니다(마 20:31). 그러나 예수께서는 걸음을 멈추고 그들을 부르십니다. 바쁜 걸음이지만 자신의 도움이 필요한 사람을 보고 잠시 그곳에 머무신 것입니다. 우리가 하나님의 뜻대로 사역을 하려면 이런 민감성이 필요합니다. "하나님이 이 부분에서 나를 부르시는구나" 하는 민감성 말입니다. 당장 섬김의 현장에 뛰어드는 것은 아니어도, 우선 멈추어 서서 헤아려 보아야 할 순간들이 많습니다. 맹인의 부르짖는 소리를 억누른 것은 제자들의 마음이 자기 자리에 대한 생각으로 가득 차 있었기 때문입니다. 우리 안에 있는 욕망이 마음을 분주하게 하고, 그 분주함은 이웃의 아픔과 사역의 필요를 우선순위에서 배제하게 합니다.

성경은 "네 손이 선을 베풀 힘이 있거든 마땅히 받을 자에게 베풀기를 아끼지 말며 네게 있거든 이웃에게 이르기를 갔다가 다시 오라 내일 주겠노라 하지 말며"(잠 3:27-28)라고 말합니다. 오늘 줄 수 있으면 오늘 주라는 말입니다. 사역도 마찬가지입니다. 할 수 있으면 지금 하는 게 좋습니다. 사역을 하겠다고 하면서 계속 미루는 이들 가운데 완벽주의 성향을 가진 사람이 있습니다. 전도서에 "풍세를 살펴보는 자는 파종하지 못할 것이요 구름만 바라보는 자는 거두지 못하리라"(전 11:4)는 말씀이 있습니다. 일을 시작할 수 있는 완벽한 조건을 기다리지 말라는 말입니다. 모든 조건이 만족되어서 '나는 이제 충분히 준비되었다'는 느낌이 드는 순간은 결코 오지 않습니다. 역사는 불충분한 조건에도 불구하고 몸을 움직인 사람들이 만들어 왔습니다. 조금 부족하고 힘들어 보여도 막상 시작해 보면 길이 열리고 재미가 생깁니다. 물론 무조건 다 수락하고 뛰어들라는 말은 아닙니다. 일단 멈추어 서십시오. 그런 다음 하나님이 나를 이 일로 부르시지 않는지 생각하고 기도해 보십시오.

다른 은사, 같은 목표

한 연못에 개구리 한 마리와 새 두 마리가 사이좋게 살고 있었습니다. 어느 해 여름, 극심한 가뭄으로 연못물이 말라갑니다. 그곳에 계속 있다가는 개구리가 죽을 게 뻔합니다. 새들은 날아가 또 다른 연못을 찾으면 되는데 개구리는 그럴 수 없기 때문입니다. 곰곰이 생각하던 개구리가 한 가지 꾀를 내었습니다. 새 두 마리가 양쪽에서 나뭇가지를 물고 자신이 그 중간을 물어 함께 날아가는 것입니다. 한번 상상해 보십시오. 그런 일이 일어난다면 얼마나 재미있는 장면이겠습니까? 그런데 정말 그것이 현실이 되었고, 동네 아이들이 새와 개구리가 날아가는 모습을 보고 신기해하며 말했습니다. "와, 진짜 멋지다! 누가 저렇게 멋진 아이디어를 냈지?" 그러자 나뭇가지를 물고 있던 개구리가 너무나 자랑하고 싶어서 견딜 수 없었습니다. "내가 했지!" 그 순간 개구리는 떨어져 죽고 말았습니다.

우리가 서로 다른 것은 복입니다. 날 수 있는 날개가 있는 사람이 있는가 하면, 문제를 해결할 수 있는 지혜가 있는 사람이 있습니다. 그런데 그것이 복이 되려면 "내가 했지!" 하는 게 없어야 합니다. 각기 다른 은사를 가진 사람들이 서로 존중하고 세워 주는 가운데 하나님의 크신 뜻을 이루어갈 수 있습니다. 섬김의 장에서 자신을 내세우지 않고 타인을 세워 주는 겸손을 통해 우리가 예수님을 닮아가는 것입니다. 이런 문화를 가진 공동체가 세상의 희망이 될 수 있습니다.

저는 모든 성도가 교회에서 크든 작든 한 가지씩 사역을 담당하기를 권고합니다. 사역에 따라서 요구되는 시간과 에너지의 차이가 있을 수 있습니다. 찬양대나 교회학교 교사로 섬기는 일은 매주 헌신해야 하는 반면, 한 달에 한 번 혹은 일 년에 한두 번 섬길 수 있는 사역도 있습니다. 또한 정기적인 새가족 환영회를 마치는 시간에 이렇게 말합니다. "새가족 여러분, 환영합니다. 사랑합니다. 축복합니다. 오늘 이 환영회가 끝나면 여러분은 이제부터 새신자가 아니고 헌신자입니다. 여기서 헌신자는 낡은 신자라는 말이 아니고 헌신된 사람이라는 말입니다. 우리 교회 헌신자들이 오늘 환영회를 잘 준비해 주셨는데, 이제 의자를 치우고 정리하는 것은 여러분이 함께 도와주십시오." 그러면 대다수의 분들이 좋아합니다. "이제 내가 이 교회의 손님이 아니고 함께 나누고 섬기는 가족이 되었구나!" 하는 것을 확인하기 때문일 것입니다.

중국 내지선교회 설립자인 허드슨 테일러가 중국에서 선교할 때 누군가가 이렇게 물었다고 합니다. "그리스도인은 언제부터 그리스도인으로서 빛을 발하면서 살 수 있습니까? 언제부터 제대로 사역할 수 있습니까?" 그러자 허드슨 테일러가 이렇게 대답했다고 합니다. "촛불이 언제부터 빛을 비춥니까?" 그렇습니다. 촛불은 켜지는 순간 빛을 비춥니다. 그리스도인이 되었다면 구체적인 사역을 시작하는 것이 좋습니다.

모든 사역이 중요하다

모든 사역은 똑같이 중요합니다. 교회 사역은 하나님 보시기에 더 중요하고 덜 중요한 것이 없습니다. 앞에서 설교하는 사람이나, 찬양하는 이들이나, 안내하는 이들이나, 식사를 준비하는 이들이나, 청소하는 이들이나 모두 똑같이 귀합니다. 주일 아침 설교단에 올라오는 계단 창문으로 주차 안내하는 이들의 모습이 보입니다. 잠시 머물러 서서 그 뒷모습을 보며 기도할 때가 있습니다. 아침 일찍 교회에 오셔서 사역하시는 모습을 보면 존경의 마음이 생깁니다. 교회 주방에 가도, 교육부서에 가도, 찬양대실에서 들리는 소리도 그렇습니다. 설교자가 아무리 열심히 설교를 준비해도, 안내하고 청소하고 음향 시설을 점검하는 이들이 없으면 제대로 예배드릴 수 없습니다. 무엇보다도 한 영혼이 천하보다 귀한데, 한 영혼을 구원하기 위해서는 교회 전체가 하나 되어야 합니다. 각각의 사역이 결코 작다고 할 수 없습니다.

세상에서는 많은 사람들을 이끌고 선두에 서서 일하는 사람, 눈에 띄는 공적을 쌓은 사람이 대접도 받고 관심의 대상이 되기도 하지만, 천국에 가면 다를 것입니다. 이름도 없이 빛도 없이 섬기는 이들, 낙도나 시골의 작은 교회에서 사역하시는 이들, 아마존이나 아프리카에서 복음 전하시는 이들 가운데 하나님 보시기에 훨씬 아름답고 큰 상을 받을 분들이 많을 것이라고 저는 믿습니다. 하나님 앞에서는 모든 사역이 똑같이 중요합니다.

예수님은 "누구든지 제자의 이름으로 이 작은 자 중 하나에게 냉수 한 그릇이라도 주는 자는 내가 진실로 너희에게 이르노니 그 사람이 결단코 상을 잃지 아니하리라"(마 10:42)고 말씀하셨습니다. 사도 바울이 "무슨 일을 하든지 마음을 다하여 주께 하듯 하라"(골 3:23)고 한 것도 같은 맥락입니다. 어떤 일이 내 눈에는 작고 보잘것없어 보일지라도, 눈에 띌 만한 성과가 없어 맥이 빠질지라도 하나님이 그 헌신을 보고 고마워하고 계신다는 말입니다. 이런 태도는 교회에서 섬길 때에만 적용되는 것이 아닙니다. 공부하는 학생은 숙제를 할 때 예수님을 위하여 숙제를 하고, 식당을 운영하는 사람은 예수님이 이 밥을 드실 것이라는 마음으로 밥을 지으라는 말입니다.

지난 시간에 '선교적 삶'이라는 주제로 교회 밖의 섬김을 중심으로 나누었다면, 이번 시간에는 교회 내의 섬김을 중심으로 말씀드렸습니다. 교회를 통해서 하나님이 하시는 일이 중요하기 때문이기도 하고, 또 교회는 섬김의 문화를 형성하는 곳이기도 하기 때문입니다. 교회는 사랑 가운데 나누고 섬기는 삶을 통하여 샬롬을 누리고, 섬김의 습관을 몸에 익히는 공동체입니다. "너희 중에는 그렇지 않아야 하나니 너희 중에 누구든지 크고자 하는 자는 너희를 섬기는 자가 되고"(마 20:26)라는 예수님의 말씀에 뿌리를 두고 교회 안에 섬김의 문화가 형성될 때, 비로소 그 공동체가 소금과 빛으로서 세상에 하나님의 성품을 보여줄 수 있을 것입니다.

○

이제 마지막 강의를 마무리하겠습니다. 미국의 전 대통령으로 세계인들의 존경을 받는 인물 중 한 사람인 지미 카터의 어린 시절 일화입니다. 조지아 주 시골 마을에 살았던 그가 하루는 아빠와 함께 트럭을 타고 아빠가 운영하는 땅콩 농장에 갔습니다. 창고에서 농기구를 꺼내 작업을 하려는데, 아빠가 열쇠를 가지고 오지 않은 것을 알아차리고 당황합니다. "이거 어떡하지. 집으로 다시 돌아가야 하나? 할 일도 많은데 큰일이군." 아빠가 어쩔 줄 모른 채 서 있는 것을 보고, 어린 지미가 "아빠, 잠시만요" 하더니 창고 구석에 있는 구멍 안으로 들어가 안에서 재빨리 문을 엽니다. 문을 열었을 때 본 아빠의 환한 미소, 지미 카터는 그 표정을 평생 잊지 못한다고 자서전에 기록하고 있습니다.[2] 대통령을 지내고 노벨상까지 받았으면 살면서 얼마나 보람된 순간들이 많았겠습니까? 그러나 자신의 인생에서 정말 기뻤던 일을 생각하면 네 살 때 자신 때문에 아빠가 환하게 웃는 것을 본 그 순간이 가장 먼저 떠오른다고 고백합니다. 카터는 대통령 퇴임 이후에 사랑의 집짓기 운동으로 섬기고, 아흔의 나이를 넘겨서도 고향 교회 주일학교 교사로 섬기는 삶을 살아갑니다. 그는 섬김이 주는 참된 기쁨을 아는 사람입니다.

이것이 바로 하나님을 섬기는 기쁨입니다. 내가 하나님께 쓰임받을 때 "아, 하나님이 나를 보고 웃으시는구나. 우리 사역을 참으로 기뻐하시는구나!" 하는 기쁨이 천국의 기쁨입니다. 이 기쁨을 함께 누리고 세상에 전하는 행복한 교회가 되기를 바랍니다.

· 그리스도인 공동체는 세상과 완전히 다른 질서로 살아가는 공동체다. 세상에서는 강한 자가 약한 자 위에 군림하지만, 하나님 나라에서는 약한 자가 섬김을 받는다.

1. 모든 그리스도인이 사역자다

· 그리스도의 몸된 교회를 세우는 주체는 목회자가 아니라 성도다. 성경적인 교회는 모든 성도가 사역자다.
· 섬김을 통하여 우리는 그리스도를 닮아가고 성장하며, 하나님 나라의 삶의 원리를 몸에 새기게 된다.

2. 섬김을 통해 우리는 성장한다

· 섬김은 하나님의 일하심과 은혜를 깨닫고 믿음 안에서 자라게 한다.
· 공동체 안에서 신앙이 성장하기 위해서는 '환영', '돌봄', '예배', '교육'과 함께 '사역'이 필요하다.
· 섬김의 현장에서 우리는 자신의 '영적 은사', '열정', '재능', '성격', '경험'을 돌아보고 발견한다.

3. 섬김에 민감한 영성

· 우리는 '섬김의 기회에 민감한 영성'을 가져야 한다.
· 일단 멈추어 서라. 그런 다음 하나님이 나를 이 일로 부르시지 않는지 생각하고 기도해 보라.

4. 다른 은사, 같은 목표

· 각기 다른 은사를 가진 사람들이 서로 섬기는 가운데 하나님의 뜻을

이룰 수 있다. 섬김의 장에서 자신을 내세우지 않고 타인을 세워 주는 겸손을 통해 우리는 예수님을 닮아간다.

모든 성도가 크든 작든 교회 안에서 한 가지씩 사역을 담당하는 것이 바람직하다.

5. 모든 사역이 중요하다

· 모든 사역은 똑같이 중요하다. 하나님 보시기에 더 중요하고 덜 중요한 사역은 없다.

· 교회는 사랑 가운데 나누고 섬기는 삶을 통하여 샬롬을 누리고, 섬김의 습관과 문화를 형성한다.

1. 지금까지 강의와 소그룹 나눔을 통해 가장 기억에 남았던 한 단어를 나누어 봅시다.

2. '소비자 기독교'라는 말은 어떤 느낌을 줍니까?(207쪽 참조) 하나님은 '선한 일을 위하여' 새롭게 창조된 우리가 어떻게 살아가기를 원하십니까?(204-206쪽 참조)

3. 다음은 성장의 다섯 가지 요소입니다. 표의 빈칸을 채워 봅시다(209쪽 참조).

4. 사람마다 취미와 성격, 관심사가 모두 다릅니다. 하나님은 우리를 각자 다른 모양으로 지으셨습니다. 나의 S.A.H.P.E.(영적 은사, 열정, 재능, 성격, 경험)와 관련하여 떠오르는 생각을 한두 가지 적어 봅시다(211-214쪽 참조).

5. 교회마다 헌신할 수 있는 사역의 목록이 있을 것입니다(교역자나 소그룹 리더에게 문의해 볼 수 있습니다). 위에서 적은 내용을 보며 나는 교회에서 어떤 사역을 시작해 볼 수 있을지 생각

해 봅시다.

6. 성장은 개인의 노력만으로 안 되고, 개인의 노력이 없어도
   안 됩니다. 성도들의 성장에 헌신하는 건강한 교회가 필요하
   고, 적극적으로 참여하는 성도들이 있어야 합니다. 우리가 함
   께 참여함으로 건강한 교회를 세워가는 것입니다. 위의 1번
   과 3번 문항에 대한 답을 참고하여 나의 성장에 대한 소망을
   아래에 적어 봅시다. 적은 문장을 함께 나누고 서로를 위해서
   기도합시다.

   하나님, 나는 _____이/가
   되기 원합니다.
   예) 매일 기도함으로 하나님과 동행하는 사람, 열정적으로
   아이들을 가르치는 교사, 말씀으로 양육하는 아빠, 외로운 이
   들의 친구, 노년에도 건강하게 성장하는 신앙인 등.

나가는 말

한 여인이 꿈을 꾸었습니다. 어느 가게에 들어갔는데, 인자해 보이는 주인이 미소를 지으며 맞이해 주었습니다. 여인은 그 주인이 예수님인 것을 단번에 알 수 있었습니다. 예수님을 만나고 보니 받고 싶은 것이 참 많이 생각났습니다.

"예수님, 여기 혹시 행복도 파나요? 참된 사랑도 사고 싶은데. 아, 우정과 믿음과 존경도요."

예수님이 부드럽게 말씀하십니다.

"그래. 네가 원하는 모든 것이 여기에 다 들어 있다"

그러면서 조그마한 봉지를 건네십니다.

여인이 봉지를 받아 들고 물끄러미 바라봅니다.

'아니, 이 작은 봉지 안에 뭐가 들어갈 수 있단 말인가.'

여인의 생각을 읽으셨는지 예수님이 빙긋이 웃으며 말씀하십니다.

"몰랐구나. 이 가게는 열매를 파는 가게가 아니라 씨앗을 파는 가게란다. 내가 준 것은 네가 원하는 모든 것의 씨앗이란다. 그것을 네 삶에 심고 부지런히 가꾸어 보렴. 네 삶에 사랑과 행복, 기쁨과 감사의 열매가 풍성하게 열릴 거야."

성경은 믿음이 자라는 것을 종종 식물의 성장에 비유합니다. 아무리 작고 연약한 씨앗이라도 그 안에 생명이 깃들어 있다면 희망이 있습니다. 당신이 이제 막 신앙을 가지기 시작한 경우라면, '나에게 믿음이라는 것이 있을까' 하는 의심이 들기도 할 것입니다. 그러나 이 책을 처음부터 읽어서 이 지점까지 왔다면, 혹은 교회에서 새가족반에 참여하여 마지막 과정까지 왔다면, 지금쯤 당신의 마음에 무언가가 심기어 자라고 있을 가능성이 높습니다.

저는 이 책을 통해 교회가 희망이라는 말을 전하고 싶었습니다. 물론 쉽지 않다는 것을 잘 압니다. 우리가 한목소리로 고백하는 사도신경에는 "거룩한 공회(공교회)를 믿습니다"라는 구절이 나옵니다. 성부·성자·성령 하나님에 대해, 부활과 재림에 대해 고백할 때는 자신 있게 이어지던 음성이 이 대목에 와서 흔들릴 때가 있습니다. 예수님을 믿고 하나님 아버지를 믿는 것처럼 교회를 믿는다고 말하기는 어렵기 때문입니다. 교회가 희망이라는 말은 교회의 효용성이나 신자들의 탁월성을 드러내 보이거나 증명할 수 있다는 말이 아닙니다. 복음이 전파되고 그리스도의 사랑이 나누어지는 한, 이 세상 어딘가에 희망의 씨앗이 자라고 있다는 말입니다(막 4:26-29). 물론 그중에 눈살을 찌푸리게 하는, 당장 뽑아 버리고 싶은 식물도 희망임을 가장하여 함께 섞여 있는 것도 사실입니다(마 13:36-43).

그렇다고 이 씨앗이 땅 속에 숨어 있기만 하는 것은 아닙니다. 역사를 살펴보면, 초대교회 이래로 어두운 세상에 빛이 되었던 뚜렷한 발걸음들이 있습니다. 한국 교회의 역사 또한 마찬가지입니다. 한국의 기독교는 전래 초기부터 양반과 천민이라는 강고한 벽을 뛰어넘고, 남녀 차별이라는 뿌리 깊은 습속을 해체하는 모습을 보여주었습니다. 삼일운동의 민족 대표 33명 중에 그리스도인이 16명이라는 사실은 잘 알려져 있습니다. 실제로 검거되고 고초를 겪은 사람들의 비율을 보면 그리스도인의 기여는 훨씬 높습니다. 당시 기독교 인구는 20-22만 명으로 전 국민의 1-1.5퍼센트에 불과했습니다. 1.5퍼센트가 50퍼센트 이상을 감당했다면 그 무게를 지탱할 수 있었을까요? 어쩌면 이 일은 성냥개비 같은 기둥에 큰 집을 세우는 일이었을 수도 있습니다. 이 일로 한국 교회가 엄청난 곤란을 겪었지만, 이 시기 민족의 가슴 속에 복음의 씨앗이 집중적으로 뿌려졌다는 사실은 역사가 증명하고 있습니다. 단지 교회를 세우는 일에만 국한하지 않고, 병원과 학교를 세우고 여성들의 삶을 일깨웠던 선교적 교회의 사역이 열매 맺은 것입니다. 삼일운동은 한국 역사에서 여성이 최초로 공적 광장에 주체로 나선 사건이었고, 그 중심에 복음의 가치로 무장한 여성들이 있었습니다.

저는 교회에서 새가족 강의를 하면서 마지막 시간에는 교회의 역사를 잠시 다룹니다. 교회의 상황에 따라서 세계 교회의 역사와 소속 교단의 유래와 특성, 한국 교회와 해당 교회의 역사를 간단히 개관하는 것이 도움이 될 것입니다. 우리가 서 있는 자리를 알려 주기 때문입니다.

저희 교회는 1905년에 선교사님에 의해 세워졌습니다. 그 후의 역사를 보면 지역민들의 토착적인 노력으로 교회의 틀을 갖추게 되었음을 알 수 있습니다. 당시 포항에 밀려온 일본인들이 1909년에 심상소학교를 세웁니다. 지금 포항초등학교의 전신으로 포항 최초의 근대교육기관이었습니다. 그때 포항교회(지금의 포항제일교회) 교인들은 "조선인을 위한 학교를 세워야 한다. 배워야 이 민족이 앞으로 살아갈 수 있다"는 데 마음을 모으고 영흥초등학교를 세웁니다. 교회가 생긴 지 6년 만인 1911년의 일입니다. 당회도 없이 초가삼간에서 모이던 교회가 학교를 세운 것은 정말 놀라운 일입니다. 삼일운동 때는 교회와 이 학교의 교사들이 만세 시위의 주축을 형성했습니다. 선교적 교회는 최근의 이론이지만, 한국 교회는 처음부터 선교적 DNA를 가지고 있었던 셈입니다.

삼일운동과 함께 우리 교회 기억의 중심에 있는 또 하나의 이야기는 한국전쟁 때의 사건입니다. 광범위한 폭격으로 초토화된 포항 시내에 유일하게 남아 있던 건물이 교회 건물이었습니다. 『Presbyterian Life』(1951년 2월호)라는 저널은 전쟁 중인 한국의 소식을 특집으로 전하며 표지 사진과 함께 다음과 같은 커버 스토리를 실었습니다. "한국의 포항장로교회는 여전히 서 있는 몇 건물 중 하나였다. 많은 한국 교회들이 무너졌지만, 이 사진은 한국의 신앙공동체가 일제와 공산 독재에도 살아남았으며, 앞으로 다가올 어떤 시련도 이기고 살아남을 것임을 말해 주는 상징이다." 이 저널은 포항교회가 그 건물 안에서 아이들을 가르치는 사진을 포함하여, 폐허 위에 희망을 이어가기 위해 노력하는 모습을 세세히 보도합니다.

전후 경제성장기에 한국 교회는 국민에게 희망을 제공했고, 독재 시절에는 민주화 운동에 혁혁한 공헌을 했습니다. 물론 그 가운데 일제 말기에 신사참배 압력에 굴복했고, 하나님 나라의 복을 세속적인 가치로 환원해 버린 '번영 신학'의 오류가 있었고, 그 후로도 권력과 결탁하고 사회적 약자들을 외면하는 모습도 있었습니다. 이런 부끄러운 모습까지 인정하며 우리가 서 있는 자리를 분명히 규정해 보는 것은 매우 중요합니다. 한국 교회와 자신이 속한 지역 교회의 이야기가 중요한 것은, 태초부터 시작된 하나님의 큰 구원 역사가 달려온 목표점은 오늘 우리 삶의 현장이어야 하기 때문입니다.

이 책은 하나님 나라의 포괄성과 복음의 중심성을 함께 확보해야 한다는 의도에서 집필되었습니다. 많은 성경구절을 인용했지만 가장 많이 제시한 구절은 요한복음 3:16입니다.

하나님이 세상을 이처럼 사랑하사 독생자를 주셨으니 이는 그를 믿는 자마다 멸망하지 않고 영생을 얻게 하려 하심이라.

많은 사람들이 잘 안다고 생각하는 구절이지만, 하나님이 우리에게 요구하시는 것이 왜 사랑이 아니고 믿음인지, "세상"을 사랑하신다고 하는 것이 어떤 의미가 있는지, "영생"이란 도대체 무엇인지 곰곰이 따져 볼 대목이 많음을 발견하셨을 것입니다. 그 과정을 통하여 성경을 "다시 만날" 필요를 느끼셨다면, 이 책은 그 소임을 다한 것입니다. 성경을 다시 만날 수 있다면, 우리는 교회도 다시 만날 수 있습니다.

현실 교회에 실망스러운 모습이 많지만, 그럼에도 불구하고 하나님은 교회를 통해 세상에 희망을 이어가고 계십니다. 이 책을 통해 깨달은 통찰이 작은 씨앗이라면, 그 열매는 현실 교회의 삶에 함께 참여하는 삶을 통해 맺힐 것입니다. 교회가 무엇인지, 왜 교회가 필요한지 완벽하게 설명하기에 저는 역부족이지만, 제가 확신하는 것은 성경의 원리에 따라 공동체의 삶에 참여할 때 "아, 이것이 교회구나!", "이래서 교회가 필요하구나!" 하고 문득문득 느끼는 순간들이 찾아올 것이라는 사실입니다. 그러한 순간들을 통해 우리는 이 척박한 땅 어디엔가 희망의 씨앗이 심기어 생명으로 꿈틀거리고 있음을 감지하는 믿음의 상상력을 갖게 될 것입니다.

어떤 사람이 땅에 씨를 뿌려 놓고, 밤낮 자고 일어나고 하는 사이에 그 씨에서 싹이 나고 자라지만, 그 사람은 어떻게 그렇게 되는지를 알지 못한다. 땅이 저절로 열매를 맺게 하는데, 처음에

는 싹을 내고, 그다음에는 이삭을 내고, 또 그다음에는 이삭에 알
찬 낟알을 낸다. 열매가 익으면, 곧 낫을 댄다. 추수 때가 왔기 때
문이다(막 4:26-29, 새번역).

주

첫 번째 만남. 관계―태초에 관계가 있었다

1. 마르틴 부버, 『나와 너』, 김천배 역(서울: 대한기독교서회, 1973).
2. Raheel Mushtaq et al. "Relationship between loneliness, psychiatric disorders and physical health: A review on the psychological aspects of loneliness." Journal of clinical and diagnostic research: JCDR vol. 8, 9(2014).
3. 보다 자세한 내용은 로버트 월딩어의 TED 강의를 참고하기 바란다. "Robert Waldinger: What Makes a Good Life? Lessons from the longest study on happiness", TED(2015, November), https://www.ted.com/talks/robert_waldinger_what_makes_a_good_life_lessons_from_the_longest_study_on_happiness?language=ko
4. Leander E. Keck, *Abingdon New Testament Commentaries: Romans*(Nashville: Abingdon Press, 2005), pp. 35, 52.
5. 강성호, "기업 수명 평균 15년 이하 시대", 「한국경제신문」(2019.2.7).
6. 팀 체스터, 『예수님이 차려 주신 밥상』, 홍종락 역(서울: IVP, 2013), p. 16.

두 번째 만남. 믿음―구원은 관계의 회복이다

1. 고정희, 『이 시대의 아벨』(서울: 문학과지성사, 1983), p. 111.
2. 라이너 마리아 릴케, 라이너 마리아 릴케, 『젊은 시인에게 보내는 편지』, 김재혁 역(서울: 고려대학교출판문화원, 2006), p. 68. 저자가 원문을 다시 번역함.
3. 제러미 리프킨, 『유러피언 드림』, 이원기 역(서울: 민음사, 2005), p. 24.
4. 한나 아렌트, 『인간의 조건』, 이진우 역(파주: 한길사, 2017). p. 109.

5. 에리히 프롬, 『소유냐 존재냐』, 차경아 역(서울: 까치, 1996).

6. 로완 윌리엄스, 『인간이 된다는 것』, 이철민 역(서울: 복 있는 사람, 2019), pp. 53, 55.

7. 헨리 나우웬, 『이는 내 사랑하는 자요』, 김명희 역(서울: IVP, 1996), pp. 24-26.

8. 팀 켈러, 『팀 켈러의 탕부 하나님』, 윤종석 역(서울: 두란노, 2016).

9. 폴 투르니에, 『고독』, 윤경남 역(서울: IVP, 1998), p. 27. 저자가 원문을 다시 번역함.

세 번째 만남. 하나됨―화해의 완성은 하나됨이다

1. 역사적으로, 종교개혁자 루터는 로마 가톨릭의 7성례에 반대하여 세례와 성찬 두 가지만 성례전으로 인정했다. 그는 『교회의 바벨론 포로』라는 논문에서 "엄밀하게 말해, 하나님의 교회에는 세례와 성찬이라는 두 가지 성례만 존재한다. 왜냐하면 우리는 이 속에서만 하나님에 의해 제정된 표지들을 발견하고 여기에서만 죄 사함의 약속을 발견할 수 있기 때문이다"라고 주장한다. 참고. 최주훈, 『루터의 재발견』(서울: 복 있는 사람, 2017)―편집자.

2. 헨리 나우웬, 『영혼의 양식』, 박동순 역(서울: 두란노, 1997), 5월 3일.

네 번째 만남. 성장―교회는 성장을 위한 공동체다

1. "누구든지 그리스도 안에 있으면 새로운 피조물이라(고후 5:17)"는 말씀은 문자적으로 "if anyone is in Christ, a new creation"으로 옮겨 볼 수 있다. 귀결절에 주어가 생략되어 있는데, 예전에 번역된 KJV는 "if any man be in Christ, he is a new creature"로 번역하면서 "he is"를 이탤릭체로 표시했다. 원문을 그대로 옮기면 영어로 뜻이 통하지 않기 때문에 잠정적으로 넣어 놓은 것이다. 한편 NRSV는 "there is a new creation"이라 번역한다. "누구든지 그리스도 안에 있으면 그 사람이 새롭다"는 말이 아니라, "그가 새로워진 세계를 살아간다"는 말이다.

다섯 번째 만남. 동행—현재는 선물이다

1. 레프 톨스토이, 『세 가지 질문』, 장한 역(서울: 바움, 2002).
2. 유진 피터슨의 강의를 들은 사람들이 기록하여 책에 남기면서 알려진 말이다. 표현은 다르지만 아래의 책에서 유진 피터슨의 설명을 볼 수 있다. Eugene H. Peterson, *Working the Angles*(Grand Rapids: Eerdmans, 1987), pp. 67-70; Peterson, *Answering God*(San Francisco: Harper-Collins, 1989), pp. 59-67.
3. 미하이 칙센트미하이, 『몰입의 즐거움』, 이희재 역(서울: 해냄, 1999), pp. 29-45.
4. '일과 영성'과 관련해서는 다음 책을 참조하라. 팀 켈러, 『일과 영성』, 최종훈 역(서울: 두란노, 2013); 미로슬라브 볼프, 『일과 성령』, 백지윤 역(서울: IVP, 2019).
5. 어거스틴, 『고백록』, 선한용 역(서울: 대한기독교서회, 2019), 제11권 14장-28장.

여섯 번째 만남. 선교적 삶—우리가 교회다

1. 톰 라이트, 『마침내 드러난 하나님 나라』(서울: IVP, 2009), p. 309.
2. Mike Breen, "Why the Missional Movement Will Fail," Verge Network; http://www .vergenetwork.org/2011/09/14/
3. Lesslie Newbigin, *The Gospel in a Pluralistic Society*(Grand Rapids: Eerdmans, 1989), p. 235. (『다원주의 사회에서의 복음』 IVP); Newbigin, "An X-Ray to Make God Visible in the World," *Reform*(1990), p. 7.

일곱 번째 만남. 섬김—모든 그리스도인이 사역자다

1. 릭 워렌, 『목적이 이끄는 삶』, 고성삼 역(서울: 디모데, 2003), pp. 319-334.
2. 지미 카터, 『지미 카터』, 최광민 역(서울: 지식의날개, 2018).

부록

*110쪽 '과제'를 참고하시기 바랍니다.

새 계명을 너희에게 주노니 서로 사랑하라. 내가 너희를 사랑한 것같이 너희도 서로 사랑하라. 너희가 서로 사랑하면 이로써 모든 사람이 너희가 내 제자인줄 알리라(요 13:34-35).

그들이 사도의 가르침을 받아 서로 교제하고 떡을 떼며 오로지 기도하기를 힘쓰니라(행 2:42).

사람마다 두려워하는데 사도들로 말미암아 기사와 표적이 많이 나타나니 믿는 사람이 다 함께 있어 모든 물건을 서로 통용하고 또 재산과 소유를 팔아 각 사람의 필요를 따라 나눠 주며 날마다 마음을 같이하여 성전에 모이기를 힘쓰고 집에서 떡을 떼며 기쁨과 순전한 마음으로 음식을 먹고 하나님을 찬미하며 또 온 백성에게 칭송을 받으니 주께서 구원받는 사람을 날마다 더하게 하시니라(행 2:43-47).

이는 곧 내가 너희 가운데서 너희와 나의 믿음으로 말미암아 피차 안위함을 얻으려 함이라(롬 1:12).

이와 같이 우리 많은 사람이 그리스도 안에서 한 몸이 되어 서로 지체가 되었느니라(롬 12:5).

형제를 사랑하여 서로 우애하고 존경하기를 서로 먼저 하며(롬 12:10).

즐거워하는 자들과 함께 즐거워하고 우는 자들과 함께 울라. 서로 마음을 같이하며 높은 데 마음을 두지 말고 도리어 낮은 데 처하며 스스로 지혜 있는 체하지 말라(롬 12:15-16).

피차 사랑의 빚 외에는 아무에게든지 아무 빚도 지지 말라. 남을 사랑하는 자는 율법을 다 이루었느니라(롬 13:8).

그러므로 우리가 화평의 일과 서로 덕을 세우는 일을 힘쓰나니(롬 14:19).

이제 인내와 안위의 하나님이 너희로 그리스도 예수를 본받아 서로 뜻이 같게 하여 주사(롬 15:5).

그러므로 그리스도께서 우리를 받아 하나님께 영광을 돌리심과 같이 너희도 서로 받으라(롬 15:7).

내 형제들아, 너희가 스스로 선함이 가득하고 모든 지식이 차서 능히 서로 권하는 자임을 나도 확신하노라(롬 15:14).

그런즉 내 형제들아, 먹으러 모일 때에 서로 기다리라(고전 11:33).

몸 가운데서 분쟁이 없고 오직 여러 지체가 서로 같이 돌보게 하셨느니라(고전 12:25).

모든 형제도 너희에게 문안하니 너희는 거룩하게 입맞춤으로 서로 문안하라(고전 16:20).

형제들아, 너희가 자유를 위하여 부르심을 입었으나 그러나 그 자유로 육체의 기회를 삼지 말고 오직 사랑으로 서로 종 노릇 하라. 온 율법은 네 이웃 사랑하기를 네 자신 같이 하라 하신 한 말씀에서 이루어졌나니 만일 서로 물고 먹으면 피차 멸망할까 조심하라(갈 5:13-15).

너희가 짐을 서로 지라. 그리하여 그리스도의 법을 성취하라(갈 6:2).

그의 안에서 건물마다 서로 연결하여 주 안에서 성전이 되어가고(엡 2:21).

모든 겸손과 온유로 하고 오래 참음으로 사랑 가운데서 서로 용납하고(엡 4:2).

그런즉 거짓을 버리고 각각 그 이웃과 더불어 참된 것을 말하라 이는 우리가 서로 지체가 됨이라(엡 4:25).

서로 친절하게 하며 불쌍히 여기며 서로 용서하기를 하나님이 그리스도 안에서 너희를 용서하심과 같이 하라(엡 4:32).

시와 찬미와 신령한 노래들로 서로 화답하며 너희의 마음으로 주께 노래하며 찬송하며(엡 5:19).

그리스도를 경외함으로 피차 복종하라(엡 5:21).

아무 일에든지 다툼이나 허영으로 하지 말고 오직 겸손한 마음으로 각각 자기보다 남을 낫게 여기고(빌 2:3).

누가 누구에게 불만이 있거든 서로 용납하여 피차 용서하되 주께서 너희를 용서하신 것같이 너희도 그리하고(골 3:13).

그리스도의 말씀이 너희 속에 풍성히 거하여 모든 지혜로 피차 가르치며 권면하고 시와 찬송과 신령한 노래를 부르며 감사하는 마음으로 하나님을 찬양하고(골 3:16).

주께서 우리가 너희를 사랑함과 같이 너희도 피차간과 모든 사람에 대한 사랑이 더욱 많아 넘치게 하사(살전 3:12).

형제 사랑에 관하여는 너희에게 쓸 것이 없음은 너희가 친히 하나님의 가르치심을 받아 서로 사랑함이라(살전 4:9).

그러므로 이러한 말로 서로 위로하라(살전 4:18).

그러므로 피차 권면하고 서로 덕을 세우기를 너희가 하는 것같이 하라(살전 5:11).

형제들아, 우리가 너희를 위하여 항상 하나님께 감사할지니 이것이 당연함은 너희의 믿음이 더욱 자라고 너희가 다 각기 서로 사랑함이 풍성함이니(살후 1:3).

우리도 전에는 어리석은 자요 순종하지 아니한 자요 속은 자요 여러 가지 정욕과 행락에 종 노릇 한 자요 악독과 투기를 일삼은 자요 가증스러운 자요 피차 미워한 자였으나(딛 3:3).

오직 오늘이라 일컫는 동안에 매일 피차 권면하여 너희 중에 누구든지 죄의 유혹으로 완고하게 되지 않도록 하라(히 3:13).

서로 돌아보아 사랑과 선행을 격려하며(히 10:24).

오직 선을 행함과 서로 나누어 주기를 잊지 말라. 하나님은 이 같은 제사를 기뻐하시느니라(히 13:16).

너희끼리 서로 구별하며 악한 생각으로 판단하는 자가 되는 것이 아니냐(약 2:4).

형제들아, 서로 원망하지 말라. 그리하여야 심판을 면하리라. 보라. 심판자가 문밖에 서 계시니라(약 5:9).

그러므로 너희 죄를 서로 고백하며 병이 낫기를 위하여 서로 기도하라. 의인의 간구는 역사하는 힘이 큼이니라(약 5:16).

만물의 마지막이 가까이 왔으니 그러므로 너희는 정신을 차리고 근신하여 기도하라. 무엇보다도 뜨겁게 서로 사랑할지니 사랑은 허다한 죄를 덮느니라. 서로 대접하기를 원망 없이 하고 각각 은사를 받은 대로 하나님의 여러 가지 은혜를 맡은 선한 청지기 같이 서로 봉사하라(벧전 4:7-10).

젊은 자들아, 이와 같이 장로들에게 순복하고 다 서로 겸손으로 허리를 동이라. 하나님이 교만한 자를 대적하시되 겸손한 자들에게는 은혜를 주시느니라(벧전 5:5).

그가 빛 가운데 계신 것 같이 우리도 빛 가운데 행하면 우리가 서로 사귐이 있고 그 아들 예수의 피가 우리를 모든 죄에서 깨끗하게 하실 것이요(요일 1:7).

우리는 서로 사랑할지니 이는 너희가 처음부터 들은 소식이라(요일 3:11).

그의 계명은 이것이니 곧 그 아들 예수 그리스도의 이름을 믿고 그가 우리에게 주신 계명대로 서로 사랑할 것이니라(요일 3:23).

사랑하는 자들아, 우리가 서로 사랑하자. 사랑은 하나님께 속한 것이니 사랑하는 자마다 하나님으로부터 나서 하나님을 알고(요일 4:7).

사랑하는 자들아, 하나님이 이같이 우리를 사랑하셨은즉 우리도 서로 사랑하는 것이 마땅하도다(요일 4:11).

만일 우리가 서로 사랑하면 하나님이 우리 안에 거하시고 그의 사랑이 우리 안에 온전히 이루어지느니라(요일 4:12).

네게 구하노니 서로 사랑하자. 이는 새 계명 같이 네게 쓰는 것이 아니요 처음부터 우리가 가진 것이라(요이 1:5).